불안해서
밤을 잊은
그대에게

불안해서 밤을 잊은 그대에게

존 P. 포사이스 / 게오르크 H. 에이퍼트 지음
서종민 옮김

생각의 서재

들어가며

우리는 불안의 시대에 살고 있습니다. 오늘을 살아가는 수많은 사람들이 같은 경험을 하고 있고, 당신 역시 그것이 무엇인지 알고 있을 겁니다. 느껴본 적도, 생각해본 적도 있을 테죠. 우리는 모두 눈뜨는 순간부터 잠드는 순간까지 불안과 싸우고 있는지도 모릅니다. 편안히 자기도 힘들 겁니다.

이 단순한 사실에서 벗어날 수는 없습니다. 아시겠지만 불안은 오랜 세월 인류와 함께했습니다. 먼 옛날 선조들에게는 생존하기 위해 불안이 필요했습니다. 우리도 마찬가지입니다. 산업화된 현대사회에서 매일같이 포식자와 마주치는 사람은 거의 없겠지만, 그럼에도 많은 사람들이 매일 불안을 경험하며 때로는 어딜 가나 굶주린 사자에게 쫓기는 기분을 느끼기도 합니다. 시간이 흐를수록 불안은 삶에 대한 열정을 더욱 앗아갈 겁니다. 말 그대로 우리의 삶을 차지할 수도 있고, 불안이 곧 우리의 삶이 되어버릴 수도 있습니다. 불안을 느끼는 일만으로도 좋진 않지만, 불안에게 자유를 빼앗기기 시작했다면 정말로 '불안 문제'가 생긴 셈입니다.

이 책은 불안이 우리의 앞길에 심어둔 올가미와 함정, 혹은 헛된 희망과 약속들에서 벗어나는 52가지 방법을 제시합니다. 불안은 응석받이 어린아이처럼 우리의 의식 속으로 밀고 들어온 뒤 우리의 에너지와 의지와 결단력을 앗아갑니다. 불안은 "나 말고는 아무것도 신경 쓰지 마!"라며 난리를 피웁니다. 우리의 삶이 마치 위기에 처해 있는 것처럼 보이게 만들기도 하죠. 그러나 불안이 우리에게 보내는 가장 큰 메시지는 따로 있습니다.

"그렇게 계속 불안해하거나 두려워한다면 너는 결코 행복해지지 못할 거야."

이 같은 구조는 당연하게도 끝없는 고통으로 이어집니다. 이 단계에 이르면 불안은 더 이상 단순히 느껴보고 말거나 겪고 넘겨버리고 말 감정 따위가 아닙니다. 이제 불안은 원하는 삶을 살려면 반드시 극복해야만 하는 문제입니다.

더 이상 마음과 싸우지 마세요

옛 선조들의 지혜와 현대의 과학이 가르쳐주는 바에 따르면, 불안은 인간이 살아있는 한 계속 겪게 될 수많은 불쾌한 감정들 중 하나일 뿐입니다. 사실 불안이 없었다면 독자인 당신은 이 책을 읽고 있지도 않았겠죠. 그러나 불안과의 싸움은 다릅니다. 불안과의 싸움은 대체로 불필요한 고생과 고통을 불러옵니다. 그 차이를 반드시 이해해야 합니다.

불안하거나 두려울 때 보통 우리는 그 감정들을 적으로 여깁니다. 마음의 벽을 쌓고 문을 걸어 잠근 채 틀어박히죠. 불안을 숨기려 하거나, 불안과 맞서거나, 불안으로부터 달아나려는 싸움이 자연스레 시작됩니다. 한편 시간은 계속 흘러갑니다. 불안이나 두려움을 조금이라도 덜 느끼려고 싸우는 순간들이 쌓여만 가고, 거기에 들어간 노력이 어느새 우리에게 해를 끼치기 시작합니다. 이대로 놔둔다면 어느 날 뒤를 돌아봤을 때 놓친 기회들과 후회라는 끔찍한 괴로움을 마주하게 될지도 모릅니다.

'불안' 그 자체는 여러 면에서 유용할 수 있습니다. 우리 선조들은 안전과 생존을 위해 불안을 이용했습니다. 현대사회에 사는 우리에게도 불안은 필요합니다. 종종 불안은 무언가 잘못되었거나, 해롭거나, 위험하다는 사실을 알려줍니다. 심지어는 어서 목적을 달성하라며 옆구리를 쿡 찔러줄 때도 있을 겁니다. 사는 동안 잘못을 저지르지 말라며 경각심을 일깨워주기도 하죠. 우리가 살고자 했던 삶에서 멀어질 때에도 불안이 이를 알려줄 것입니다. 불안은 우리가 너무나도 중요시하는 무언가에 극도로 신경을 쓰고 있다는 점을 알려주는 신호이기도 합니다. 그것을 잃을까 봐 두려워질 만큼 소중히 여긴다는 신호죠.

사실 불안과 끊임없이 싸울 필요는 없습니다. 역설적인 말이지만, 불안을 없애려고 노력할수록 불안은 더욱더 우리를 장악할 겁니다. 불안은 대개 시간이 흐를수록 커집니다. 그러므로 불안과의 싸움을 그만두는 법을 배운다면 감정적인 고통과의 길고 헛된 싸움과 그 고통에서 벗어나는 데 큰 도움이 될 것입니다.

불안은 삶의 일부일 뿐

스스로를 가두게끔 만드는 치명적인 불안은 인류가 시작된 이래 전 세계의 너무나도 많은 사람들이 똑같이 겪어온 감정입니다. 물론 우리도 그러한 감정을 느낍니다. 그러나 그 중 많은 사람들이 바로 지금부터 우리가 나눌 내용을 차근차근 따라 하면서 크나큰 위안과 치유를 얻었으며 그로써 한층 더 편안한 마음으로 살 수 있었습니다. 당신 또한 그럴 수 있습니다.

우리는 이 책에서 당신이 살고자 하는 삶, 불안과의 싸움으로 진 빠지지 않는 삶을 사는 방법을 알려드리면서 그렇게 살 수 있다는 희망을 드리려고 합니다. 우리의 새로운 접근법은 필자들과 여타 학자들이 내놓은 신빙성 있는 연구들을 기반으로 하며, 그 범위는 감정과학(생각과 감정은 억누르거나 통제하려 할수록 악화된다는 점을 증명하는 연구들), 수용전념치료(ACT)와 같은 마음챙김 기반 치료법, 그리고 긍정적인 삶의 변화와 인간의 번영, 심리적 건강과 편안함 등을 옹호하는 현대적 연구들을 아우릅니다. 이 책에서 과학을 직접적으로 다루지는 않습니다. 과학을 위한 책은 아니니까요. 그보다는 불안이 그저 삶의 평범한 일부분에 지나지 않도록 바로잡아줄 일련의 검증된 전략들을 소개하려 합니다. 이 어려운 작업에 뛰어들기 전, 당신 또한 모든 것을 다르게 볼 준비를 하길 바랍니다.

당신이라는 사람, 그리고 당신이 생각하고 느끼는 것들 사이에는 약간의 공간이 있습니다. 시간으로 따지자면 어떤 반응을 보이고 무엇을 할지 선택할 수 있는 순간이죠. 이 공간에서 우리는 불안이 찾아온 자신의 마음과 몸, 그리고 자기 삶과 스스로 어떤 관계를 맺을 것인지 선택할 수 있습니다. 불안과의 싸움을 관두고, 살아가고자 하는 방향으로 나아가는 법을 배우는 겁니다. 이것이 바로 진정한 행복과 편안한 마음, 그리고 완전한 삶을 만들어나가는 방법입니다. 이 책은 그 여정의 출발점이 될 것입니다.

이 책에 담긴 아이디어나 조언들 중 몇몇은 다소 특이해 보일 수도, 거꾸로 된 것처럼 보일 수도, 이상해 보일 수도 있습니다. 그러나 계속 이 책을 믿고 따라와준다면 불안이 삶 속에서 빚어낸 싸움과 소란에서 벗어날 수 있습니다. 이제 당신은 불안과의 관계를 변화시키는 방법을 배울 겁니다. 더 이상 불안 때문에 괴로워하지 마세요. 더 이상 불안의 노예가 되지 마세요. 당신은 내면의 힘과 용기를 이용해서 불안에 얻어맞지 않고도 불안을 있는 그대로 놔두는 방법을 배우게 될 것입니다. 그렇게 된다면 결국에는 정말로 소중하게 여기는 일들을 자유롭게 할 수 있을 겁니다.

지금까지 해왔던 것과는 정반대의 일, 색다르고 새로운 일을 시도해보겠다는 의지와 열린 마음을 가지고 이 책 속으로 뛰어들어보세요. 다만 당신이 생각하거나 느끼는 바를 무조건 좋아하라는 게 아님을 명심하시기 바랍니다. 그 누구도 불안을 좋아하지 않습니다. 마찬가지로, 지난날 세상이 당신에게 저지른 잘못들을 무조건 용서하라는 말도 아닙니다. 우리가 말하고자 하는 바는 불안을 넘어서는 방법, 그리하여 진정한 행복과 편안한 마음을 위한 최적의 조건을 만드는 방법입니다. 누구나 충분히 할 수 있는 일입니다.

이 책을 현명하게 사용하는 방법

이 책은 불안과 두려움, 걱정들로부터 도망치는 일을 멈추고 살고자 하는 삶을 만들어나가는 데 조금 더 시간을 들일 수 있는 52가지 방법을 가르쳐줄 겁니다. 한 가지 팁을 드리자면, 우리의 말을 전부 믿을 필요는 없습니다. 전부 이해할 필요도 없죠.

이 책에 담긴 간단하고 짧지만 강력한 52가지 연습들은 새로운 경험과 기술은 물론이며, 스스로의 불안과 삶을 대하는 새로운 방식들도 알려줄 겁니다. 방해받지 않고 마음을 편안하게 가질 수 있는 조용한 장소에서 연습들을 따라 해보세요. 이곳을 당신의 평화로운 공간, 당신의 피난처라고 부릅시다. 이제 이곳에서 각 연습의 설명을 두 번씩 읽고 최대한 따라 해보는 겁니다.

분명히 머릿속에서는 이건 불가능하고, 저건 너무 어렵고, 그건 말도 안 된다는 둥 볼멘소리가 쏟아져 나올 겁니다. 그런 생각이 떠오를 때마다 스스로의 마음에게 고맙다고 인사하고 다음 단계로 넘어가세요. 자기 마음과 싸울 필요는 없습니다. 스스로를 설득하려고 애쓰거나 매달리지 마세요.

단, 한 가지 부탁드릴 말이 있습니다. 마음을 열어주세요. 연습을 따라 하시고, 시간이 흐른 뒤 효과가 있는지 살펴보세요. 불안 문제에 완전히 색다른 방식으로 접근해본다고 해서 잃을 것은 별로 없지만, 얻을 것은 많을 겁니다. 우리가 가르쳐드리겠습니다.

모든 연습들을 언제까지고 되풀이할 필요는 없습니다. 살기 위해서 파도치는 삶을 항해하는 새로운 방법을 배우는 게 이 연습들의 목적입니다. 어떤 연습이 자신과 가장 잘 맞았는지 적어두고 반복해서 연습해보세요. 얼마 후에는 곧 습관이 들게 될 겁니다. 책을 다 읽고 난 뒤에는 자신을 여전히 괴롭히는 문제들에 대처하는 연습만 다시 읽는 것도 좋은 방법입니다.

이 책이 당신과 함께 변화와 성장, 자아 발견의 여행을 떠나려 한다는 점을 잊지 마세요. 인생을 진정으로 바꾸고 싶다면 이전에 해보았던 것과는 전혀 다르고 새로운 무언가를 시도해야만 합니다. 바로 이 책처럼 말이죠. 이 책에는 불안을 느끼더라도 새로운 삶을 살 수 있다는 희망이 담겨 있습니다. 당신이 전적으로 또 진심으로 이 책과 함께한다면 이 책 또한 당신에게 보답할 것입니다. 스스로를 가두는 불안이 없어진다면 운명을 개척하는 능력을 훨씬 더 자유자재로 발휘할 수 있으며, 당신 또한 곧 이를 느끼게 될 것입니다. 이 정도가 지금까지 우리의 연구와 실험을 통해 밝혀진 바입니다. 이제 함께 시작해볼까요?

차례

1

당신의 삶을 사세요

누구나 행복하게 잘 살기를 바랍니다. 쉬운 일이 아니죠. 살다 보면 반드시 곤경과 골칫거리와 고통이 찾아옵니다. 이 단순한 사실에서 벗어날 수 있는 사람은 없습니다. 그렇다고 해서 꼭 불행해야 한다는 말은 아닙니다. 평생 두려워하며 살아야 한다는 말도 아닙니다.

불안은 언제나 찾아옵니다. 피할 길이 없습니다. 그러나 불안이 우리를 조종하지 않는 삶을 살 수는 있습니다. 고통스러운 감정들과 마주치지 않게 될 거라는 말이 아닙니다. 당신은, 또 우리는 언젠가는 그 감정들과 마주치게 될 것입니다. 지구상에 사는 모든 사람들이 그럴 겁니다. 그러나 그런 감정들이 찾아올 때 반드시 고통스러워할 필요는 없습니다.

감정들은 늘 찾아옵니다. 달리 손을 쓸 수 없습니다. 그러나 감정의 소용돌이에 대처하는 방법을 찾을 수는 있습니다. 불안이 우리를 조종하도록 놔둘 필요는 없습니다. 불안에 조종당할지 말지를 결정하는 사람은 바로 나 자신입니다. 밀려드는 감정과 생각들을 품는 법을 배울 수 있고, 나아가 살고자 하는 삶을 만들어나갈 수 있습니다. 이것이 바로 우리 안에 숨어 있는 힘, 우리 스스로의 삶을 지배하는 힘이자 진정한 행복을 만들어낼 힘을 이끌어내는 방법입니다.

진정한 행복과 편안한 마음을 가지기 위해서는 우선 갖추어야 할 조건이 몇 가지 있습니다. 우리는 불안에 발목 잡힐 필요도 없고, 삶이 가져다준 곤경의 수렁에 처박혀 있을 필요도 없습니다. 삶이 힘겹고 매정할 때 잘 살아내는 게 그 비결입니다. 이것이 이 책이 소개하는 LIVE 방법의 핵심입니다.

L: Letting Go

놓아주세요. "저항하면 오히려 버틴다"라는 말을 들어본 적 있을 겁니다. 저항할수록 고통과 괴로움은 커지는 한편 에너지는 바닥나고 자유는 빼앗기게 될 겁니다. 그 굴레에서 벗어나려면 마음과 몸이 우리에게 떠안긴 고뇌를 놓아줄 줄 알아야 합니다. 그렇게 한다면 정말로 중요하게 여기는 일에 소중한 에너지와 자원을 쓸 수 있고,

두려움에 지배당하는 일 없이 살아갈 수 있습니다.

I: Inviting

받아들이세요. 불안은 선택사항이 아닙니다. 그러나 불안과 어떠한 관계를 맺을지는 선택할 수 있습니다. 저항하는 대신, 어쨌든 자신이 겪고 있는 일을 열린 마음으로 받아들여보세요. 자신의 모든 면들, 즉 마음과 몸과 감정의 소용돌이가 쏟아내는 모든 것을 맞이할 줄 알게 됩니다. 자신이 겪는 일을 온정과 연민으로, 또 사랑으로 지켜보고 맞이해보는 겁니다. 한 발짝 물러나 받아들이는 일은 곤경 속에서도 편안함과 즐거움을 찾을 수 있도록, 그리하여 최고의 삶을 살 수 있도록 도와줍니다.

V: Valuing

가치를 따지세요. 뚜렷한 방향감각이 없다면 우리의 선택 때문에 길을 잃을 수도, 혹은 막다른 곳에 몰릴 수도 있습니다. 진정으로 삶을 살아가려면 먼저 스스로가 무엇을 위하여 사는지를 알아내야 합니다. 나에게 중요한 일, 가치 있는 일이 무엇인지 밝혀내세요. 그다음 되고 싶은 사람이 되게 해주고 살고 싶은 삶을 살게 해줄 현명한 선택을 내리세요.

E: Engaging

이끄세요. 어찌 되든 우리의 삶은 우리가 시간을 들이는 일들로 이루어집니다. 진정으로 바라는 일을 더 많이 하고 싶다면 먼저 자신이 중요하게 여기는 일에 맞는 목적을 세운 뒤 행동을 취하세요. 스스로의 입으로 말하고, 스스로의 손으로 창조하고, 스스로의 발로 그 방향으로 걸어가야 한다는 말입니다. 이것이 바로 당신 자신에게 중요한 가치들을 실행에 옮기는 방법입니다. 우리가 스스로의 가치와 삶을 이끌어나간다면, 이 책에 담긴 수많은 기술들은 다름 아닌 우리의 무기가 되어 앞길에 나타나는 모든 역경을 이겨내고 진정으로 삶을 살아갈 수 있도록 도와줄 것입니다.

이제 간단한 연습을 통해 LIVE 방법을 살짝 맛볼 차례입니다

LIVE한다는 것의 의미

- 차가 꽉 막혀 있거나 계산대에서 줄을 서느라 약속시간에 늦게 되었을 때를 떠올려보세요. 이제 그 장면 속에서 LIVE 방법을 한 단계씩 밟아봅시다.

- 놓아주세요. 불안에 맞서려는 당신의 오랜 싸움을 놓아주세요. 지금 마음과 몸이 겪는 일들을 모두 통제하려는 헛된 노력도 과감하

게 놓아주세요.

- 받아들이세요. 옴짝달싹도 못하게 된 자신에게 찾아오는 생각이나 감정을 열린 마음으로 살펴보세요. 샘솟는 비난과 불평, 가빠지는 숨, 목 끝까지 찬 욕설을 들여다보세요. 이것이 몸에 미치는 영향에 주목해보세요. 긴장, 분노, 불안, 스트레스, 불만 혹은 두려움이 느껴지지는 않나요? 그 모든 것들을 가만히 지켜볼 수 있는지 확인해보세요. 한 발짝 물러서서 있는 그대로를 따뜻하고 너그러운 마음으로 지켜보세요. 그 자리에 있는 것 말고는 아무것도 하지 않아도 됩니다.

- 가치를 따지세요. 한 발짝 더 물러나 스스로를 바라보세요. 지금 이 상황에서 나라는 사람은 무엇과 관련되고 싶은지 스스로에게 물어보세요. 나에게 중요한 일, 이를테면 애초에 내가 이곳에 나온 이유나 원래 하려던 일을 생각해보세요. 당신에게는 가고 싶은 곳이 있고, 하고 싶은 일이 있습니다.

- 이끄세요. 시간에 늦었거나 꼼짝 못하고 기다리느라 성질을 내는 일 대신 무언가 다른 일을 하고 있는 자신을 상상해보세요. 무엇을 하고 있나요? 나라는 사람은 무엇과 관련되고 싶은가요? 무엇이든

상관없습니다. 내가 관련되고 싶은 그 일, 즉 내가 가치 있다고 여기고 소중하게 여기는 그 일을 위해 현 상황에서 스스로의 입과 손과 발을 이용해서 무언가 하고 있는지를 확인해보세요.

연습을 따라 하기가 쉽지 않았다고 하더라도 너무 걱정하지 마세요. 여기서 중요한 점은 고뇌와 고통이 일상생활에 어떤 방식으로 찾아오는지를 알아보는 일입니다. 그것들을 놓아주고, 열린 마음으로 받아들이고, 스스로 중요하게 여기는 일을 하고, LIVE할 줄 알게 되는 일이 중요합니다. 앞으로 우리는 이 책을 통해 LIVE 방법의 기술을 배우고, 불안이나 삶 속 여러 문제들에 맞서서 그 기술을 쓸 수 있게 될 겁니다.

2

연결고리 찾기

불안으로 고통 받는 사람들 중 대부분은 자신이 완전히 혼자라고 느낍니다. 당신 또한 그렇게 느끼고 있을지도 모르죠. 자기가 느끼고 있는 고통이 어떤 느낌인지를 아무도 이해하지 못할 거라고 생각하는 겁니다. 그러나 세상에는 똑같은 두려움과 고통을 느끼는 사람들이 수도 없이 많습니다. 얼마나 많을지 한번 생각해보세요.

불안 문제를 가진 사람들은 모든 동네, 모든 도시, 모든 나라에 살고 있습니다. 나이가 어리거나 많은 것도, 돈이 많거나 적은 것도 아무런 도움이 되지 못합니다. 대학 졸업장이나 높은 사회적 지위도 별다른 위안이 되지 못하죠. 사실 불안은 인간이 느끼는 가장 흔한 고통 중 하나이며, 전 인류의 약 삼분의 일가량이 살아가는 동안 한 번 이상은 겪게 되는 것으로 알려져 있습니다.

이게 얼마나 흔한 일인지 가늠해봅시다. 어느 날부터인가 불안을 느끼는 모든 사람들이 빨간색 옷을 입기로 했다고 상상해보세요. 아마 단 하루라도 빨간색 옷을 입은 사람과 마주치지 않는 날이 없을 겁니다. 그 중 한 명에게 안부를 묻는다면 아마 "괜찮아요"라고 대답할 겁니다. 그러나 괜찮지 않다는 것쯤은 당신도 알겠죠. 당신이 느끼는 것과 똑같은 고통을 그 사람도 느끼고 있으니까요. 그 순간부터 당신은 혼자가 아님을 알게 되는 겁니다.

그러나 이름 모를 사람들이나 통계가 중요한 게 아닙니다. 이 책은 당신과 당신의 자유에 관한 책이며, 당신이 스스로를 방어하지 않고도 인생이라는 무대 위에 오를 수 있도록 도와줄 것입니다. 여기에서는 우리가 경험하고 있는 상태를 있는 그대로 관찰하는 방법을 배워볼 겁니다. 제일 먼저 호흡에 집중해봅시다. 호흡은 언제나 우리와 함께하며, 우리의 피난처가 될 수 있고, 지금 이 순간을 살 수 있도록 도와줍니다. 삶에 변화를 일으키고 싶다면 진정으로 지금 이 순간을 살아야 하기 때문이죠. 먼저 다음의 설명을 차근차근 읽어본 뒤, 할 수 있는 만큼 따라 해보세요. 시간은 5분에서 10분 정도로 충분하며, 타이머를 설정하는 것도 도움이 됩니다.

집중 호흡법

- 한 손은 가슴에, 다른 한 손은 아랫배에 올려놓으세요. 천천히 눈을 감은 뒤, 지금 있는 이 자리에 집중해보세요.

- 가슴과 배가 오르내리는 데 집중해보세요. 코로 숨을 들이마시고 내쉴 때마다 손이 어떻게 움직이는지 살펴보세요. 집중해서 들이마시고, 천천히 내쉬세요.

- 자기가 경험하고 있는 상태를 살펴보세요. 가슴과 배에 올려둔 손에 집중했다면, 이제는 코로 숨을 들이마시고 내쉴 때마다 느껴지는 따스하거나 시원한 감각에 집중해보세요. 자연스럽게 숨을 쉬면서 살펴보는 겁니다. 그저 숨 쉬며, 지금 이곳에 있어 보세요.

- 잡생각이 떠오른다면 그 생각들을 한번 바라본 뒤 다시 호흡에 지긋이 집중해보세요. 필요할 때마다 그렇게 하면 됩니다.

- 필요하다면 하루에 몇 번이라도 다시 집중 호흡을 하겠다는 다짐을 끝으로 연습을 마무리하세요. 핸드폰이나 시계에 알림을 설정해두고, 그때마다 당신의 호흡과 그 순간을 살펴보세요.

집중 호흡법을 가능한 한 자주 연습해보세요. 이 호흡법은 불안과 두려움이 마음과 몸에게 떠안길 고뇌를 크게 덜어줄 겁니다. 연습을 거듭할수록, 당신은 자신의 상태를 보다 잘 관찰하고 그 경험과 함께할 수 있게 될 겁니다. 또한 무엇이 정말 소중한지를 생각해볼 여유도 가질 수 있게 될 겁니다.

3

여유공간 만들기

불안과 두려움은 우리를 위축시키고, 원하는 삶과는 전혀 동떨어진 어둠 속으로 우리를 밀어 넣습니다. 당신이 작아질수록 당신의 삶도 작아지죠. 이를 그대로 놔두어서는 안 됩니다. 삶은 우리가 날개를 펼치고선 원하는 바대로 살아가기를 바랍니다. 불안이 닥칠 때 문을 닫고 숨고 싶은 마음은 자연스러운 반응이지만, 이에 대처하려면 지금 서 있는 그 자리에서 마음을 열고 의식을 확장시키는 법을 배워야 합니다.

이번 연습을 통해 그렇게 하는 방법을 배워봅시다. 매순간 한껏 열린 마음을 유지해야 한다는 말이 아닙니다. 그건 현실적으로 불가능하니까요. 그것보다는 우리에게 찾아온 감정들을 인식할 마음의 여유를 만들고, 그 감정들에게 자리를 내어줄 능력을 기르는 게 이 연습의 목적입니다. 이 기술은 인생이라는 무대에 올라 살아가는 데 큰 도움이 될 것입니다. 불안, 그리고 불편한 생각이나 감정들이 우리를 지난날 혹은 앞날과 관련된 어둠 속으로 밀어 넣으려 할 때에도 이 기술이 도와줄 겁니다.

연습하는 데에 맞고 틀린 방법이 따로 있는 건 아닙니다. 이 책에 실린 다른 연습들도 마찬가지죠. 하지만 단 한 가지만은 꼭 지켜야 합니다. 이 연습들을 통해 자신의 경험과 싸우려 해서는 안 됩니다. 싸움은 아무런 소용이 없습니다. 대신 어떤 일이 있어도 지금 이 순간 이 자리에서 자신의 경험과 함께해보겠다는 마음을 가지세요. 경험에게 마음의 문을 열어주고, 자기 자신과 지금 이 순간 일어나고 있는 일들에 집중해보세요.

마음의 여유 만들기

5분에서 10분 정도 방해받지 않을 수 있는 곳에서 편안하게 앉아보세요. 다음의 설명을 여러 번 읽은 뒤 눈을 감고 연습을 시작하세요. 눈을 살짝 뜨고 있어도 괜찮습니다. 눈앞에 보이는 바닥 한 지점에 집중하는 것이 잡다한 생각을 물리치는 데 가장 좋습니다.

- 천천히 눈을 감으세요. 두어 번 부드럽게 숨을 들이쉬고 내쉬세요. 호흡하면서 숨소리를 들어보고 숨결도 느껴보세요.

- 이제 내가 있는 그 자리에 관심을 가져봅시다. 내 주변의 세상에 의식을 집중해보세요. 무엇이 있나요?

- 다음으로 나의 내면에 의식을 집중해보세요. 몸이 느끼고 있는 신체적 감각을 천천히 살펴보세요. 나에게 찾아온 생각들도 천천히 살펴보세요. 매순간 감각과 생각이 어떻게 바뀌고 옮겨가는지 살펴보세요.

- 숨을 들이쉴 때마다 생각과 감각에게 조금씩 더 많은 공간을 내어준다고 상상해보세요. 내면의 이 공간은 지금 이 순간 이 자리에서 나 자신이 되어 머물 수 있는 여유공간입니다.

- 계속 호흡하세요. 지금 그 느낌이 나의 내면에서 광대한 감각으로 자라날 때까지 마음을 계속 확장시키세요.

- 준비가 되었다면 천천히 주변의 소리로 관심을 넓혀보세요. 이처럼 집중된 마음가짐으로 일상에 찾아오는 수많은 순간들을 마주하겠

다고 다짐하면서 천천히 눈을 뜨세요.

마음의 여유공간 만들기를 매일 연습해보세요. 때와 장소는 편한 대로 고르면 됩니다. 여유공간을 만들어두면 이따금씩 마음과 몸에 불편한 일이 찾아올 때 그 문을 열고 들어가, 그곳에서 정말로 소중하게 여기는 일을 처리할 수 있겠죠. 아마 꽤 도움이 될 겁니다.

4

의도를 가지고 사세요

인간은 습관의 동물입니다. 무엇을 하는지를 의식적으로 자각하지도 않고선 그저 자동조종장치에 몸을 맡긴 듯 하루 일과를 해치우죠. 이를 그대로 내버려둔다면 우리는 곧 삶이나 마음과 단절되고 동떨어진 기분을 느끼게 될 겁니다. 불안은 이처럼 자동적이고 반사적인 생활을 유발하는 강력한 유인입니다. 불량배 같은 이 감정은 평소라면 절대로 들어가지 않았을 수렁으로 우리를 밀어 넣어버립니다. 그러나 이를 피할 수 있는 방법이 있죠.

불안과 당신 사이에는 당신이 무언가 새로운 선택을 내릴 수 있는 공간이 존재합니다. 이 공간 안에서라면 우리는 더 결단력 있고 덜 자동적으로 사는 법을 배울 수 있습니다. 능력이 심장을 따라가도록 연결해주는 겁니다. 그렇게 하려면 우선 스스로 무엇과 관련되고 싶은지를 명확히 밝혀야 합니다. 그렇게 해야지만 비로소 스스로의 의도를 실천하며 행동하는 데 의식적으로 몰두할 수 있습니다. 간단히 말하자면, 의도가 가는 길에 관심과 에너지가 따르게 만드는 겁니다.

이것이 어떤 의미인지를 잠시 파헤쳐봅시다. 새로운 일에 몰두하려 할 때, 당신의 앞길에는 어떤 가능성이 기다리고 있나요? 그 가능성에 대해서 알고 있나요? 스스로가 어떤 삶을 살 수 있는지를 시간을 들여 생각해본 적이 있나요?

다음의 간단한 연습이 생각을 도와줄 겁니다.

진심 어린 의도

- 5분에서 10분 정도 방해받지 않을 수 있는 곳에서 편안하게 앉아보세요. 종이 한 장과 펜 혹은 연필을 준비하는 것도 도움이 될 겁니다.

- 눈을 감고 잠시 스스로에게 집중해보세요. 집중 호흡을 내쉬고 들이마실 때마다, 당신의 의식이 심장 주변을 둘러싼 공간 속에 자리를 잡을 수 있도록 해주세요. 이곳은 막대한 지혜로 가득 찬 장소입니다. 이곳은 무엇이 당신에게 옳은지 알고 있죠.

- 가슴속 공간에 자리 잡았다면 스스로에게 물어보세요. 왜 나는 이 곳에 와 이 책을 읽고 있는 걸까? 나는 나의 삶 속에서 무엇과 관련되고 싶은가? 나의 의도는 어디로 향하고 있나? 자신이 살아가고자 하는 삶과 관련지어보세요.

- 그러고는 조용히 앉아 가슴의 대답을 들어보세요. 하나씩 하나씩 대답이 돌아올 겁니다. 속삭임일 수도 있고, 한두 단어뿐일 수도 있습니다. 그게 무엇이든 자신에 대한 지혜, 그리고 스스로 관련되고 싶은 일들에 관한 자기 내면의 지혜와 교감해보세요.

- 준비가 되었다면 천천히 눈을 뜨세요. 이것이 당신의 의도입니다. 원한다면 당신의 마음이 들려준 대답들을 종이에 적어도 좋습니다.

- 연습을 끝내기 전, 당신의 진심 어린 의도들을 다시 한번 살펴보세요. 그것들을 선명하게 마음속에 떠올려보고, 종이에 적어놓았다면 천천히 읽어보세요. 다시 살펴보는 동안 새로운 의도가 떠올랐다면 추가해도 좋습니다. 그리고 때로는 어려울지라도 이 책을 따라 계속 연습해서 스스로의 의도를 행하겠다고 약속하세요.

- 의도 목록을 종이에 적었다면 이제 목록의 맨 끝에 이름을 서명하

고 연습을 끝마쳐도 좋습니다. 이 서명은 그 의도들을 살리기 위해 최선을 다하겠다는 스스로의 약속을 의미합니다. 이 책의 연습들을 해나가는 동안 이 목록을 가까이에 두세요.

변화는 무섭기도 하지만 우리에게 해방감을 안겨줄 수도 있습니다. 물론 위험도 뒤따르겠죠. 그러나 하던 일이나 반복하려는 게 더 위험한 일입니다. 바로 그것이 당신을 이 자리로 데려왔으니까요. 새로운 일을 만들려면 새로운 무언가를 시도해야 합니다. 의도의 말을 따르고 행동하는 방식을 바꾸겠다고 약속하는 것부터 시작해봅시다. 스스로의 삶과 불안을 다른 시각으로 바라보세요. 잃을 건 없지만 얻을 건 많답니다.

5

두려움을 놓아주세요

불안은 분명 불쾌한 감정이지만, 다른 한편으로는 건전하고 적응 가능한 감정이기도 합니다. 불안 때문에 우리는 행동에 나서게 될 때도 많습니다. 불안은 목숨을 부지하고, 큰 위험을 피하는 데 쓰라고 있는 겁니다. 단지 그뿐이죠!

또한 불안은 다양한 모습을 가장할 수 있습니다. 어떤 사람들은 극심한 공포가 잇달아 찾아오는 경험을 합니다. 심각한 신체적 반응이 나타나거나(예를 들면 심장이 터질 것처럼 뛰었을 수 있죠), 갑자기 엄청난 공포심이 일거나, 곧 죽을 것 같은 기분이 들 수도 있죠. 이러한 공황발작은 난데없이 나타날 수도 있고, 특정 상황(예를 들면 사람들 앞에 나설 때, 좁은 가게가 사람들로 북적일 때, 비행기를 탔을 때, 높은 곳으로 올라갔을 때 등) 때문에 나타날 수도 있습니다.

과거의 충격적인 경험과 그 기억 때문에 트라우마에 쫓기는 사람들도 있습니다. 불쾌하고 강박적인 생각이 계속 떠오르거나, 개수 맞추기 혹은 손 씻기처럼 의례적인 행동의 굴레에 갇히는 사람들도 있습니다. 어떤 강박적인 행동을 한다고 해도 모두 괴로움과 두려움을 잠시나마 모면하려는 시도에 그칠 뿐이죠. 또한 아침저녁으로 (당신의 과거와 미래와 매일의 일상 속) 온갖 일들을 걱정하면서도 아무런 해결책을 내놓지 못하는 사람들도 있습니다.

이 중 몇 가지는 바로 당신의 이야기라는 생각이 들었을 수도 있습니다. 나에게 불안장애가 있는 건 아닐까 하는 생각까지 들었을 수도 있죠. 그러나 여기서 한 가지 경고의 말씀을 드려야겠습니다.

불안은 감정이지 장애가 아닙니다. 이 지구상에 존재하는 모든 인간은 살면서 적어도 한 번쯤은 불안을 경험합니다. 어떤 사람들에게는 질병이 되기도 하지만, 그것만으로는 장애라고 할 수 없습니다. (또한 질병dis-ease은 그 자체로 불안unease을 의미하기도 하죠.) 의사와 정신의학 전문가들은 인간의 고통과 질병을 구분하고 묘사하기 위해 여러 병명을 붙이지만, 그 병명은 당신에게 붙이라고 있는 게 아닙니다. 인간의 고통 그 자체는 장애가 아니니까요.

진단용 병명들은 그저 단어에 지나지 않습니다. 거기에 매달리지도 말고, 당신과 병명을 동일시하지도 마세요. 대신 당신의 인생을 건강한 방식으로 확장시키는 데 집중하시길 바랍니다.

꼭 불안장애 증상에 관한 설명들을 찾아보고 그게 내 증상이라고 생각해야지만 다시 정상적인 삶을 살겠다고 결심할 수 있는 건 아닙니다. 불안할 때 극도로 우울해지거나, 화가 난다거나, 여러 불편한 감정이 찾아오는 경우에도 마찬가지죠.

중요한 것은 다음의 기본적인 질문들에 대한 당신의 대답입니다. 불안은 당신의 인생에서 가장 큰 문제 중 하나인가요? 만일 그렇대도 당신과 같은 처지에 있는 사람들은 수없이 많으니 너무 걱정하지 마세요. 그다음으로 중요한 것은 불안이 어쩌다 당신의 인생에서 그토록 거대한 문제가 되었는지를 밝혀내는 일입니다.

대부분의 사람들은 불안 그 자체를 원인으로 지목합니다. 그냥 불안한 기분이 들기 때문이라는 거죠. 불안한 기분이 너무 많이 들어서라는 사람도 있고, 불안이 너무 강렬하고 불쾌하게 느껴져서라는 사람도 있습니다. 심각한 불안은 너무나 불쾌하며 때때로 사람을 압도할 수도 있다는 점을 우리 모두는 알고 있습니다. 그러나 잠시 한 발자국 뒤로 물러나서 스스로에게 물어보세요. 불안을 많이 느끼는 게 정말로 문제의 핵심인가요? 이제 무엇이 불안을 당신의 문제로 만드는지를 살펴봅시다.

무엇이 문제인가요?

방해받지 않고 생각에 잠길 수 있는 장소로 가서, 잠시 시간을 들여 다음의 질문들을 깊이 생각해보세요. 생각을 명확하게 정리한 뒤, 각 질문에 열린 마음으로 정직하게 답해보세요. 원한다면 대답들을 종이에 적어도 좋습니다.

불안과 두려움을 품은 당신 스스로에게 물어보세요.

- 나는 무엇과 싸우고 있는가? (혹은) 내가 겪고 있는 불안 문제는 어떤 식으로 나에게 간섭하고 내 생활을 제한하는가?

대답을 구했다면, 다음 질문을 스스로에게 물어보세요.

- 불안은 정확하게 어떤 식으로 나의 삶에서 문제가 되는가?

우리가 정말로 중요하게 여기는 방향으로 나아가는 삶을 살고 싶다면 이 질문들과 정면으로 마주하고 변화를 만들어내는 일이 무엇보다 중요합니다.

6

대가를 따져보세요

돌아보면 불안을 억누르거나 통제하려던 시도가 별다른 효과가 없었다는 점을 당신도 어느 정도는 알고 있을 겁니다. 그러나 그보다 더 나쁜 건 불안과의 싸움을 위해 우리가 치른 대가가 있다는 점입니다. 어쩌면 누군가와 껄끄러운 사이가 되거나 관계가 아예 끊겼을 수도 있고, 막중한 스트레스를 받았을 수도 있고, 학교나 직장에서 문제가 생겼을 수도 있고, 집중력이 떨어졌을 수도 있고, 술이나 약에 의존하게 되었을 수도 있습니다. 좀 더 일반적으로 말해보자면, 더 이상 자유롭지 않다고 느끼게 되었을 수도 있죠. 불안이 당신의 앞길을 가로막고 있는 것처럼 보이나요? 불안 때문에 갇힌 듯한 기분이 들지는 않나요?

이제 드디어 당신이 지금까지 어떤 길을 지나왔는지, 어떤 사람이 되었는지, 그리고 어디로 가고 싶은지를 명확하게 점검하고 살펴볼 시간입니다. 지금까지 기다리느라 치른 대가, 또 불안이라는 장애물과 싸우느라 치른 대가를 마주해볼 시간입니다. 마침내 당신의 삶을 시작할 시간이 온 겁니다.

다음의 연습은 불안과의 싸움에 붙잡힐 때마다 우리가 치르는 대가를 더 잘 이해할 수 있도록 도와줄 것입니다. 다음에 나열된 항목들을 통해, 불안과의 싸움이 당신의 인생에 미친 충격을 돌이켜보세요. 솔직하고 정확하게 답하셔야 합니다. 불안과의 싸움 때문에 당신이 놓친 것, 혹은 할 수 없었던 일은 무엇이 있나요? 원한다면 각 항목마다 떠오르는 몇 가지를 적어보세요. 어떤 대가를 가장 많이 치렀는지도 살펴보세요.

점검하기

- 대인관계 비용. 불안 및 두려움과의 싸움이 인간관계나 사회적 유대에 어떤 영향을 미쳤나요? 친구 사이가 달라지거나 아예 멀어진 적이 있나요? 불안 때문에 배우자나 파트너로서, 혹은 부모로서 제 역할을 다하지 못하고 있나요? 홀로 고립된 것 같은 외로움이 더 심해졌나요?

- 직장생활 비용. 불안과의 싸움이 직장생활에 어떤 영향을 미쳤나요? 예를 들어, 불안을 통제하려는 시도 때문에 직장을 그만두거나 해고당한 적이 있나요? 불안을 어떻게든 달래보려다가 직장상사나 동료에게 회사생활에 관한 지적을 받은 적이 있나요? 불안 문제 때문에 실직자가 되었거나, 일할 능력을 잃었거나, 사회복지사업에 기대야만 했던 적이 있나요?

- 건강 비용. 걱정과 불안, 두려움의 관리가 건강에 어떤 영향을 미쳤나요? 잔병치레가 심한가요? 잠들 수 없거나 자꾸 잠에서 깨나요? 불안과 걱정에 사로잡히거나 초조한 기분이 너무 심하게 드는 나머지 몸까지 아픈 것 같진 않나요? 불안이 더 심해질까 봐 운동을 못하고 있지는 않나요? 불안 때문에 병원이나 응급실에서 꽤 많은 시간을 보내나요?

- 에너지 비용. 불안을 통제하려는 노력이 내가 가진 에너지에는 어떤 영향을 미치나요? 걱정하기, 스트레스 받기, 잡다한 일에 조바심 내기, 강박적으로 확인하기, 안 좋은 생각하기 따위에 에너지를 쏟고 있지는 않나요? 그 싸움 때문에 기운이 다 빠지거나, 의지가 꺾이거나, 피곤해지거나, 좌절하거나, 나가떨어진 적은 없나요?

- 감정 비용. 불안을 통제하려다가 감정적으로 힘들어지진 않았나요? 불안과 싸우느라 벌인 일, 혹은 그 싸움 때문에 실패한 일로 후회하거나 죄책감을 느끼고 있나요? 스스로 어딘가 잘못되었다는 생각 때문에 수치스러운 기분이 들지는 않나요? 기분이 가라앉거나, 우울해지거나, 짜증이 늘었거나, 불쑥 화가 나지는 않나요?

- 재정 비용. 불안을 관리하기 위해 지금까지 어느 정도의 돈을 썼나요? 심리치료, 약국, 병원, 자가 진단을 위한 책, CD나 비디오, 세미나 등에 쓴 돈을 떠올려보세요. 기회를 놓친 탓에 받지 못했던 급여나, 즐거운 일을 놓쳐서 허비한 돈(이를테면 결국 쓰지 못한 티켓)은 또 얼마나 되나요?

- 자유 비용. 불안을 통제하려는 노력 때문에 당신이 좋아하는 일을 하는 능력에 문제가 생기지는 않았나요? 장을 보고, 동네나 교외로 드라이브를 나가고, 기차나 비행기를 타고, 집앞이나 공원, 숲속으로 산책을 하러 가고, 쇼핑몰에 놀러 나가곤 하나요? 오직 불안을 피하기 위해 하루를 살지는 않나요?

이 질문들에 솔직히 대답하는 일은 곧 새로운 방향으로 나아가는 중대한 첫걸음이 될 겁니다. 변하려고 얼마나 노력해왔든지, 그 싸움이 자신에게 미친 진짜 영향을 알아보고 스스로 느끼는 일이 가장 중요합니다. 자기가 치른 대가를 똑바로 마주하려면 용기를 내야 합니다.

이 연습을 통해 한층 더 많은 것을 깨닫는 사람들도 많습니다. 불안을 추스르고 통제하는 데 쏟아 부었던 그 모든 노력이 어떻게 실패로 돌아갔는지를 난생처음으로 알게 되는 사람들도 있습니다. 좀 더 깊이 들어간 사람들은 그 싸움 자체가 얼마나 자신의 인생에 해를 입혀왔고 지금도 계속해서 그러고 있다는 사실을 완전히 알게 되죠.

만일 당신이 지금 바로 그런 기분을 느끼고 있다 하더라도 절망하지는 마세요. 그러한 기분이 드는 게 맞습니다. 이 연습은 나쁜 기분을 피하려고 하는 연습도 아니고, 자책하려고 하는 연습도 아닙니다. 그보다는 이제부터 새로운 방향으로 발걸음을 내딛을 힘을 가지기 위한 연습입니다. 과거를 바꿀 수는 없지만, 미래는 당신이 만들어나갈 수 있으니까요.

7

싸움의 함정

아마 당신은 불안을 더 잘 관리하고 통제해서 원하는 삶을 살 수 있게 되기를 바라는 마음으로 이 책을 펴들었을 겁니다. 불안 그 자체가 문제라고 생각한다는 증거죠. 다른 많은 사람들도 당신과 마찬가지로 그렇게 생각합니다. 그러나 불안을 문제라고 여기는 행동 자체가 문제라면 어떨까요? 우리는 당신이 이 가능성과 마주할 수 있도록 도우려 합니다. 마치 뒷걸음질처럼 보일 수도 있겠지만, 그렇지 않으니까요.

다시 한 번 말하지만, 우리를 믿지 않아도 좋습니다. 앞 장에서 불안을 관리하고 통제하려다 치렀던 대가들을 살펴보았으니, 이제 그걸 바탕으로 스스로에게 물어봅시다. 불안을 느낀다는 사실, 그리고 불안을 막으려고 또 피하려고 애쓰던 절박한 시도들. 둘 중 어느 편에 더 많은 대가가 따르던가요?

많은 연구에서, 그리고 오랜 세월 동안 밝혀진 바에 따르면, 싸움은 그 자체로 함정입니다. 경험에 맞서 싸우거나 피하려 할 때마다 그 함정에 빠지게 되죠. 싸워온 당신을 비난하자는 게 아닙니다. 싸움은 고통과 곤경에 대처하는 지극히 자연스러운 반응입니다. 그러나 스스로에게 물어보아야 할 중요한 질문이 있습니다. 싸우는 게 정말 효과가 있었나요? 더 대담하게 물어보자면, 그 싸움이 문제를 해결해주기는 커녕 문제를 더 키우지는 않았나요?

다음의 연습을 통해 스스로가 지금까지 그렇게 하지는 않았는지를 돌아볼 수 있을 것입니다.

싸우는 게 정말 효과가 있나요?

불안을 관리하거나 통제하기 위해 시도했던 모든 방법들을 떠올려보세요. 그동안 써왔던 대처전략이 될 수도 있고, 불안을 회피하거나 억누르기 위해 사용했던 방법이 될 수도 있습니다. 원한다면 종이나 일기장에 적어두세요. 그리고 다음의 세 가지 질문을 곰곰이 생각해본 뒤 '네' 또는 '아니오'로 대답해보세요. 열린 마음으로 정직하게 대답해보세요. 당신 직감의 말을 들어보는 겁니다. 직감은 당신이 경험한 일의 진실을 알고 있으니까요.

- 그동안 사용한 불안관리 전략들은 효과가 있었나요? 전략을 취한 뒤로 덜 불안해지고 더 행복해졌나요? 장기적으로 생각해보세요.

- 불안관리자로 사는 일은 인생을 원하던 방향으로 이끌어나가는 데 도움이 되던가요?

- 불안관리, 불안대처 전략을 고집하느라 대가를 치렀나요? 예를 들면, 시간을 허비하거나 기회를 떠나보내고 후회한 적이 있나요? 내가 하고 싶었던 일이나 중요하게 여기는 일을 하는 데 전략이 방해가 되었나요? 도움이 필요하다면 6장에서 밝혀낸 비용 목록을 다시 한번 살펴보세요.

많은 사람들이 1번과 2번 질문에는 그렇지 않았다고 대답하고, 3번 질문에는 정말 그랬다고 대답합니다. 정확히 우리가 예상했던 바입니다. 막대한 대가를 치르지 않고서도 불안을 제거할 수 있는 건강한 방법은 우리도 모릅니다. 당신의 직감도 그런 건 없다고 말하지 않나요? 맞습니다.

자유를 되찾는 비법은 바로 불안을 통제하려는 시도를 포기하는 겁니다. 거기에 들어가는 노력이 당신의 시간과 에너지와 자원을 잡아먹고, 당신이 진짜 하고 싶은 일을 하지 못하게끔 방해하기 때문입니다. 당신은 지금 이미 그 길에 들어서 있습니다. 그러나 불안과 더 이상 싸우지 않기로 결심하는 일도 당신만이 할 수 있습니다. 아직 결심하지 못했다면, 지금 당장 결심해보는 건 어떨까요.

8

놓아주기

불안이 문제라면 자연스레 해결책도 필요할 겁니다. 그러나 지금까지 해결책이랍시고 시도한 모든 것들이 사실은 상황을 더 악화시켰다면 어떨까요? 이 경우를 잠시 살펴봅시다.

앞선 장들에서 우리는 불안을 고치기 위해 시도했던 모든 일이 그 무엇도 해결해주지 않았다는 점을 알게 되었을 겁니다. 불안을 없애려고 시도했던 해결책들은 모두 우리에게 짙은 흉터만 남겼을 뿐입니다.

다음의 이야기를 보면 우리가 불안과 싸우느라 치른 대가와 그동안 짊어졌던 막중한 부담감을 살펴보는 데 도움이 될 것입니다. 또한 싸움에서 벗어나 인생과 잘 지내보는 놀라운 방법도 알려줄 겁니다.

밧줄을 놓아줄 시간입니다

우리는 그동안 불안 괴물들 한 패거리를 상대로 줄다리기를 했습니다. 양손으로 밧줄을 꽉 붙잡고 발을 땅에 파묻은 채 같은 자세로 굳어 있었죠. 정신없이 줄을 당겼을 겁니다. 그러나 줄을 아무리 세게 당겨도, 불안 괴물들은 언제나 더 강력하게 줄을 당겼습니다.

싸움이 길어질수록 점점 더 무리가 왔을 겁니다. 가슴이 답답해지고, 숨이 가빠오고, 이를 악물고, 얼굴이 빨갛게 달아오르고, 이마에서 땀방울이 굴러 떨어지고, 꽉 쥔 손마디가 하얗게 질렸습니다. 끝없고 힘겨운 싸움에 갇힌 꼴이 된 겁니다.

남은 선택지가 얼마 없어 보일 겁니다. 마음 같아서는 더 세게 당기고, 더 열심히 노력하고, 더 발을 깊게 파묻어야 할 것 같죠. 더 좋은 약물이나 새로운 대처전략을 통해 이길 수 있는 힘을 얻어야 할 것 같기도 합니다. 하지만 다 그게 그거 아닐까요?

여기 새로운 선택지를 살펴봅시다. 우리는 이 싸움에서 이길 필요가 없습니다. 싸움을 기권하고 밧줄을 놓아버리기로 했다고 상상해보세요. 곰곰이 생각해보시길 바랍니다.

당신의 손과 발이 어떻게 되었는지 보세요. 자유로워지지 않았나요?

한창 싸울 때에는 엄두도 내지 못했던 선택지들과 마음의 여유도 생겼을 겁니다. 이제 당신의 손과 발로 불안과 싸우는 일 대신 무언가 다른 일을 할 수 있을 겁니다.

인생에서 어떤 변화가 생길 수 있는지를 좀 더 살펴보기 위해 한 가지 상상을 해봅시다. 당신이 정말 소중하게 여기는 무언가 혹은 누군가가 줄다리기 싸움의 바로 옆 관중석에서 당신이 싸움을 끝내기만을 기다리고 있다고 상상해봅시다. 당신의 아이가 자기를 안아주기를 기다리고 있고, 당신의 친구가 같이 즐거운 추억을 만들자며 기다리고 있는 겁니다. 중요한 프로젝트나 꿀맛 같은 휴가 등 당신을 즐겁고 행복하게 만들어줄 무언가가 될 수도 있겠죠. 당신의 인생에서 중요한 바로 그것이 관중석에 서서 싸움이 끝나기만을 마냥 기다리고 있는 장면을 마음속으로 또렷이 그려보세요. 그래도 그냥 계속 싸우실 건가요? 아니면 밧줄을 놓고, 당신의 시간과 에너지를 당신을 기다리고 있는 무언가 혹은 누군가에게 줄 건가요?

이제 밧줄을 놓았을 때 당신에게 무슨 일이 생기는지 살펴봅시다. 불안 괴물들은 당신이 싸움을 관뒀다는 이유만으로 그대로 없어져주지 않습니다. 계속 당신 반대편에 서 있죠. 밧줄을 가지고 조롱하면서, 당신이 미끼를 물고 밧줄을 잡아 다른 한 판을 벌이기를 바라고 있습니다. 물론 거기에 응할 수도 있습니다. 가끔은 습관적으로 응해버릴 때도 있을 테죠.

그러나 중요한 건 당신이 지금까지 밧줄을 붙잡고 있었다는 점을 깨닫고, 줄을 놓기로 결심하는 일입니다. 그렇게 결심한다면 당신이 소중하게 여기는 사람들, 당신의 인생에서 중요한 일들, 관중석에서 당신을 기다리는 바로 그 무언가 혹은 누군가를 돌볼 마음의 여유와 에너지를 찾을 수 잇을 겁니다.

밧줄을 놓고 싸움을 끝낸다면 인생에서 무언가 다른 일을 할 수 있는 틈과 여유가 생길 겁니다. 불안을 줄이거나 통제하는 데, 다음 번 공황발작을 피하려는 데, 고통스러운 기억의 다음 밀물을 저지하려는 데, '만약 그렇게 되면 어떡하지'라는 걱정과 잡생각들을 밀어내는 데 기운을 다 쏟아 붓지 않는다면 기회의 창문을 열어볼 수 있을 겁니다. 그동안 미뤄뒀던 삶을 향해 나아갈 여유를 찾아내는 거죠. 우리와 함께했던 분들 중 한 분이 이 순간을 두고 아주 멋진 말을 남겼습니다.

"밧줄을 놓았을 때, 저는 비로소 자유로워졌어요."

9

스위치 켜기

그렇다면 밧줄을 쉽게 놓지 못하는 사람들이 너무나도 많은 이유는 무엇일까요? 왜 우리는 별다른 효과도 보지 못하고 수많은 대가를 치러가면서까지 불안을 상대로 계속해서 싸우는 걸까요? 우리가 지금까지 습득한 '통제'에 바로 그 답이 숨어 있습니다.

아마 당신은 아주 어렸을 때부터 스스로의 행동을 통제하는 일이 당신을 둘러싼 세상에서 꽤 좋은 효과를 보인다고 습득해왔을 겁니다. 제때 빨래하고, 깔끔하게 쓰레기를 치우고, 안전하게 차를 운전하고, 다정하게 친구에게 연락할 때 그랬겠죠. 당신이 아무 탈 없이 살아있는 것도 어느 정도 이러한 통제 덕분이죠. 먼 옛날 조상들이 호랑이나 곰에게 잡아먹히지 않고 살아있을 수 있던 건 확실히 통제 덕분입니다. 외부의 무언가가 당신의 건강과 안녕을 위협한다면, 그에 맞서 알맞은 행동을 취하는 게 당연하죠.

이처럼 우리를 둘러싼 세상에서 행동을 통제하는 일이 너무나 좋은 효과를 보이기 때문에, 우리는 자연스레 우리 내면에서 일어나는 일들도 통제하고 그에 대한 행동을 취하려고 합니다. 그러나 마음이나 감정의 산물들은 통제하려 해도 소용이 없습니다.

왜 그럴까요? 다음의 연습을 통해 그 해답을 조금이나마 살펴봅시다.

통제의 문제

편안한 자세로 시작해봅시다. 준비가 되었다면, 가능한 한 최대로 행복해져보세요. 당장 가서 해보세요. 열심히 또 열심히 시도해보세요. 단, 행복한 기억이나 생각을 떠올리는 건 반칙입니다. 여기서 말하는 시도는 그런 게 아닙니다. 그냥 행복 스위치를 켜고 행복해져보세요. 할 수 있나요?

이제, 아주 불안하고 두려워져보세요. 단, 무섭거나 고통스러운 생각을 떠올리는 건 반칙이니 다른 방법으로 시도해보세요. 열심히 시도해야 합니다. 그냥 불안 스위치를 켜보세요. 할 수 있나요?

아직도 이런 일이 불가능하다는 게 와 닿지 않는다면 다음의 일들도 시도해보세요.

- 오늘 처음으로 마주치는 낯선 사람과 미칠 것 같은 사랑에 빠져보세요. 아주 깊고 진정한 사랑이어야 합니다.

- 손대지 않고 생각만으로 다리에 쥐를 내보세요. 바늘로 콕콕 찌르는 느낌만 들고 다른 무엇도 느껴지지 않게 만드는 겁니다.

- 지난주에 있었던 일들 중 하나를 떠올려보고, 그 기억을 삭제해보세요. 한 톨도 남기지 않고 영원히 지워버리는 겁니다.

- 눈과 귀와 코를 막지 않은 채로 보지도 듣지도 냄새 맡지도 말아보세요.

이 간단한 연습을 통해 우리의 감정, 정신적 기능, 신체적 기능에는 작동을 끄고 켜는 스위치가 없다는 사실을 깨닫길 바랍니다. 그런 스위치는 누구에게도 없습니다. 원하는 기분을 곧장 느낄 수 있는 사람은 없다고 해도 좋습니다.

감정은 그저 찾아옵니다. 감정은 당신이 겪어온 역사의 일부고, 당신의 세상과 상호작용하는 동안 계속해서 찾아올 겁니다. 불안 스위치를 꺼보려 아무리 애를 써도 오히려 불안과 두려움을 느끼는 신경체계를 활성화시키고 말 겁니다. 그렇게 되면 당신은 스스로를 가두거나 비참하게 만드는 일만 계속 하게 되겠죠. 결국 느끼고 싶지 않은 기분, 생각하고 싶지도 않은 일만 계속해서 찾아올 겁니다.

10

반대로 행동해보세요

불안과 공황에 관련된 생각이나 감정들은 불쾌하고 강렬하며, 때로는 우리를 압도하거나 겁나게 만들 수도 있습니다. 그러나 진짜 적은 따로 있습니다. 바로 '회피하기'죠.

불안이 느껴지는 일을 회피하려는 시도는 곧 불안에게 먹이를 주는 거나 마찬가지입니다. 회피는 아주 해로워서 우리의 삶을 쪼그라들게 만듭니다. 일상적인 불안도 삶을 파괴할 문제로 키우는 게 회피죠. 무언가를 회피하고 싶은 심정은 충분히 이해가 갑니다만, 사실 감정적 고통에 대한 회피가 당신과 당신의 인생에 너무나 해롭다는 점은 이미 수많은 연구들에서 명백하게 밝혀진 바 있습니다.

회피는 여러 형태로 나타날 수 있습니다. 불안하다는 생각과 감정을 유발할지도 모르는 사람들이나 장소, 활동, 상황 등을 무조건 피하려는 태도가 그 중 한 가지입니다. 달갑잖고 불쾌한 생각과 감정들을 기억에서 지우고 그것을 유발한 상황을 모른 척 외면하기 위해서 술을 마시거나 약을 먹게 되기도 합니다. 불안이나 두려움, 혹은 또 다른 감정적 고통을 느낀다 싶을 때 황급히 하던 일을 그만두고 달아나는 사람들도 있습니다.

불안을 느끼지 않으려는 데 온 정신을 쏟다 보면 우리의 삶은 분명 크게 제한됩니다. 인생을 살아가는 방식이 이 일 때문에 멋대로 정해질 수도 있죠. 회피는 원하는 일을 하거나 가고자 하는 방향으로 나아가는 데 방해가 됩니다. 감정적이고 심리적인 고통을 회피하는 동시에 활력 넘치는 하루를 시작할 수 있는 방법은 존재하지 않습니다. 고통과 곤경을 겪을 수 있는 일들을 완전히 피해가면서도 완전한 삶에 다가설 수 있는 방법도 존재하지 않습니다. 그렇다면 할 수 있는 일에는 무엇이 있을까요?

바로 반대로 행동해보는 겁니다! 도망치거나 싸우거나 회피하는 대신, 우리의 내면에서 일어나는 일과 함께 지내보세요. 습관적으로 떠나고 싶어질 때는 가만히 엎드려보세요. 당장 문을 걸어 잠그고 숨어야 할 것 같을 때는 문을 열어젖혀보세요. 자기 자신과 잘 지내는 방법을 배운다고 생각하고 해봐도 좋습니다.

반대로 행동하라는 조언이 이상하게 들릴 수도 있습니다. 그러므로 왜 그래야 하는지를 명확히 밝혀보도록 하죠. 당신은 불안의 고통 속을 나뒹굴지 않고 앞으로 나아가기 위해 정반대의 일을 해보아야 합니다. 곤란한 일이나 속상한 일, 두려움 따위를 계속해서 외면하는 한 결코 당신의 삶을 제대로 살아볼 수는 없을 겁니다. 그러니 반드시 불안을 직시하고, 회피 대신 무언가 다른 일을 해야 합니다. 다음의 연습이 이를 도와줄 겁니다.

낙관적 선택지 고르기

이번 연습에서는 회피 행동을 대체할 만한 낙관적인 행동들에는 무엇이 있는지 알아봅시다. 종이 한 장에 세로로 중앙선을 하나 긋고, 왼쪽 열에는 '회피', 오른쪽 열에는 '반대로 행동하기'라고 제목을 적으세요.

- 왼쪽의 '회피' 열에는 불안하거나 두려운 기분을 피하기 위해 지금까지 당신이 해왔던 모든 일을 적어보세요. 기분전환이나 대처전략이라고 여겼던 모든 행동들을 적는 겁니다. 최대한 구체적으로 적으세요. 예를 들면, '괜히 직장상사한테 혼날까 봐 내 자리에서 꼼짝도 하지 않는다.'

- 이제 오른쪽 열로 넘어가서, 왼쪽 열에 써둔 회피 전략마다 각각의 정반대 행동들을 적어보세요. 예를 들면, '직장상사를 피하려고 일부러 애쓰지 않는다. 복도에서 마주치면 그냥 인사하고 가던 길을 가면 된다.'

다음번에 또 회피하라는 마음의 소리가 들려온다면 '반대로 행동하기'를 떠올려보세요. 회피하느라 몸을 웅크려야 할 것만 같다면 반대로 가슴을 쭉 펴고, 무언가 낙관적인 것만 같은 일을 해보세요. 서툴더라도 괜찮습니다. 이렇게 하다 보면 많은 경우 회피를 대체할 낙관적 대안이 곧 그 회피 행동의 정반대 행동이라는 점을 알 수 있을 겁니다.

11

기꺼이 하기

모든 선택과 행동에는 어느 정도 위험이 뒤따릅니다. 미래에 어떤 일이 기다리고 있을지, 또 인생에서 어떤 일이 벌어질지는 아무도 모르죠. 많은 사람들이 위험을 감수하기 싫어서 앞으로 한 발자국 내딛어보지도 않고선 원래 해왔던 방식을 고집합니다. 익숙하지만 치명적일 수도 있는 일만 계속하다가 결국 그 자리에 머물게 되는 거죠. 그 틀에서 벗어나려면 무엇이든 기꺼이 시도해보아야 합니다. 모르는 곳에 발 디딜 위험을 감수해보라는 말입니다. 우리는 그렇게 성장하는 존재니까요.

이런 의미에서, ‘기꺼이 하기willingness’는 일단 믿고 뛰어내려보는 일과도 같습니다. 수영장에서 수온이 어떤지, 다이빙은 어떤 기분인지도 모르는 채로 다이빙대에서 뛰어내리는 일과 같죠. 이건 물이 차가운지 뜨거운지, 깨끗한지 더러운지 따져보고 수영장에 들어가는 일과는 꽤 다릅니다. 단순히 수영장에 들어간다고만 해서 기꺼이 해봤다고 할 수는 없죠. 그 선택에는 단계가 있었고 조건이 있었습니다. 말하자면 지금 어떤 기분인지, 혹은 그게 어떤 느낌일 것 같은지를 바탕으로 앞으로의 행동을 선택한 겁니다.

'기꺼이 하기'란 마음과 몸에 찾아오는 모든 일들을 매순간 어떻게 느끼게 될지도 모르는 채로 맞이하고 열린 마음으로 경험해보는 행위입니다. 양팔을 활짝 벌린 자세와도 같죠. 있는 힘을 다해 불안과 싸우는 것과는 정반대입니다. 사실 기꺼이 해보고 싶다면 당장이라도 그렇게 해볼 수 있습니다.

팔 벌리기

잠시 자리에서 일어나서(앉아 있어도 괜찮습니다) 양팔을 최대한 넓게 벌리고선 그 상태로 잠시 있어보세요. 양팔을 펼치고 있는 동안, 당신에게 찾아오는 감정이나 생각을 바꾸려 하지 말고 있는 그대로 놔둬주세요. 마음을 열고 진심으로 느껴보면서 있는 그대로 놔둬주세요.

이 '기꺼이 하기' 자세는 사실 굉장한 연습인 동시에 재미있는 연습이기도 합니다. 이 자세에는 이 책에서 설명하는 LIVE 방법의 핵심이 담겨 있습니다. 양팔을 넓게 벌린 당신은 무엇이든 수용할 준비가 되어 있습니다. 구속에서 벗어난 것처럼 무엇이든 있는 그대로 받아들일 수 있죠. 마음과 감정이 당신에게 씌우는 구속에서 벗어나 좀 더 완전하게 LIVE하려면 이 자세가 필요합니다.

'기꺼이 하기'는 아주 강력한 행위입니다. 많은 사람들이 불안을 최대의 적으로 여기지만, 만일 불안이 적이 아니라면 어떨까요? 불안을 포함한 모든 경험, 그리고 자기 자신에 대하여 더 다정해지고 더 깊이 헤아릴 방법을 배울 수 있다면요? 아마 더는 불안과 싸울 필요도 없을 겁니다. 불안을 키우는 연료관을 끊어버리는 거죠. 그렇게 된다면 눈앞에 새로운 선택지들도 나타날 겁니다.

기꺼이 해보라는 말은 삶에 찾아온 모든 일을 무조건 좋아하라는 말이 아니라, 앞으로 나아가면서 겪게 되는 모든 일을 아무런 방어 없이 완전히 열린 마음으로 겪어보자는 말입니다. 마음을 열어젖힌다면 정말로 소중하게 여기는 일을 할 자유를 얻을 수 있으니까요. 대담하게 살아보는 겁니다!

12

불안의 목소리

인간의 마음이란 생각을 낳는 기계나 마찬가지입니다. 머릿속에서 목소리가 매일매일 또 하루 종일 송출되죠. 그게 마음이 하는 일입니다. 그러나 모든 생각이 다 도움이 되지는 않습니다. 모든 생각에 귀 기울일 필요도 없고, 모든 지시에 따라야 할 필요도 없죠.

불안의 목소리는 우리가 마음 깊이 숨겨둔 두려움이나 걱정, 혹은 온갖 문제들에 관한 생각을 끝도 없이 쏟아붓습니다. 게다가 그런 문제를 해결하지 않으면 큰일 난다고 닦달하죠. 그다음에는 마치 합리적인 것처럼 들리는 해결책들을 머릿속에 줄줄이 쏟아붓습니다.

"심호흡해."

"약 먹어."

"TV 좀 보고 쉬어."

"일찍 자도 돼."

"전화해서 아파서 못 간다고 해."

이 같은 불안의 목소리는 불안과 두려움이 위험하다는 통설 같은 믿음에서 옵니다. 불안을 느끼고 있다면 잘 살 수는 없다거나, 불안을 관리하고 통제해야 비로소 고통에서 벗어나 행복해질 수 있다는 믿음 말이죠.

그러나 불안의 목소리가 우리를 속이는 겁니다. 그 목소리는 행복해지려면 불안을 통제해야 한다고 말하지만, 그러한 종류의 노력은 모두 상태를 악화시킬 뿐입니다. 이 굴레를 벗어나려면 불안의 목소리를 찾아내고, 그 목소리가 제시하는 쓸모없는 해결책들을 무시해야 합니다. 다음의 연습이 그 방법을 알려줄 겁니다.

쓸모없는 생각 찾아내기

마음을 가다듬고 스스로에게 집중해서 다음의 질문에 답해보세요. 불안의 목소리를 들어보고, 그 목소리가 어떤 지시를 내리는지도 살펴보세요. 떠오르는 생각이나 해결책들을 자세히 살펴보세요. 원한다면 종이에 적어도 좋습니다.

- 불안하거나 두려운 기분이 잔뜩 들 때, 불안의 목소리는 무슨 일을 해야 한다고 하던가요?

- 불안에 또다시 빠지지 않기 위해, 불안의 목소리는 무슨 일을 하지 말아야 한다고 하던가요?

이제 이른바 해결책들을 떠올려보고 다음의 질문에 답해보세요.

- 그 중 장기적으로 효과가 있었던 해결책이 있나요?

- 한 인간으로서 무엇과 관련되고 싶은지, 그 핵심을 불안의 목소리가 짚어낸 적이 있나요?

- 불안의 목소리에 귀 기울이고 하라는 대로 했을 때, 결과적으로 더 많은 성취를 이루려 노력하게 되었나요?

불안의 목소리를 잡아내고 그들의 정체를 밝혀내는 법은 단번에 배울 수 없습니다. 그러니 열심히 연습해보세요. 불안이 당신에게 무엇을 명령하는지도 잘 살펴보세요. 당신의 삶을 제한하는 불안의 목소리를 밝혀내는 겁니다. 불안의 목소리가 들려올 때 그 목소리가 말하는 바를 관찰하고 따져볼 줄 알게 된다면 현명하고 낙관적인 선택을 내릴 마음의 여유도 가질 수 있을 겁니다. 불안한 마음이 말하는 모든 일들을 무조건 따를 필요는 없으니까요.

앞서 배웠던 '반대로 하기' 기술 또한 여기에서 연습해볼 수 있을 겁니다. 머릿속에 울리는 쓸모없는 목소리에 귀 기울이는 대신, 그 목소리가 말하는 바의 정반대로 행동해보세요. 결국에는 불안한 마음이 명령했던 일보다는 자신이 정말로 원했던 일을 하고 있는 스스로를 발견하게 될 겁니다.

13

자동조종장치 떼어내기

"나는 아무 생각이 없다. 왜냐하면 아무 생각이 없기 때문이다."

많이 들어본 말일 겁니다. 그게 어떤 느낌인지 당신도 너무나 잘 알고 있겠죠. 인간이라면 누구나, 주변에서 무슨 일이 일어나는지조차 거의 자각하지 못한 채 일상을 살아가면서 이런저런 일들을 그냥 했던 날이 수도 없이 많을 겁니다.

신문이나 책을 읽을 때, 시선은 마지막 줄에 가 있는데 머릿속에는 내용이 전혀 들어오지 않을 때가 있죠. 그런 경험을 해본 적이 있다면 아마 우리가 무슨 얘기를 하려는 건지 알고 있을 겁니다.

마음은 우리의 몸과 경험을 데리고 다니는 가이드입니다. 가이드의 말만 듣다 보면 어느 순간 주변 세상과는 말 그대로 연결이 끊길 때가 있죠. 생각과 느낌과 이미지로 가득 찬 머릿속 세상에 눌러앉은 자기 자신을 발견할 때도 있을 겁니다. 세상과 단절되었다는 기분이 들 수도 있고, 심할 때는 육신과도 분리된 기분이 들 수 있습니다. 그러나 그걸로 자신을 탓해서는 안 됩니다. 마음이란 원래 지금 일어나고 있는 일들에 완전히 집중하기 힘들어하는 존재니까요.

현재의 삶과 경험에 다시 연결되려면 마음을 잠시 껐다가 새로 켜야 합니다. 지금 이 순간으로 돌아오는 법, 지금 일어나고 있는 일에 집중하는 법을 마음에게 가르쳐야 하죠. 마음은 여러 방식을 통해 재부팅할 수 있지만, 여기에서는 당신이 의식적으로 마음 쓰지 않고도 늘 하고 있는 활동 한 가지를 추천하려고 합니다. 바로 '걷기'입니다.

마음 챙겨 걷기

걷기는 우리의 생각과 감정에 대한 능숙한 관찰자가 되는 법을 배울 수 있는 훌륭한 방법입니다. 이 연습에서 우리는 스스로의 경험을 의식적으로 이끌고 다녀야 합니다. 마음이 쉴 새 없이 내리는 명령이나 헛소리에 더 이상 끌려 다니지 않을 수 있다면, 마음이 아니라 나 스스로가 무엇을 하고 싶은지 또 어디로 가고 싶은지를 정할 수 있다는 걸 알게 될 겁니다.

15분 정도 산책을 나가보세요. 들이마시고 내쉬는 호흡에 집중하면서 자연스럽게 걸으세요. 발걸음의 리듬에 의식을 집중해보고, 몸이 움직일 때 어떤 느낌인지 살펴보세요. 만일 걷기 외의 다른 일에 마음이 쓰이기 시작한다면, 그 일을 한번 바라본 뒤 다시 걷기의 경험으로 천천히 집중해보세요.

한 걸음 한 걸음 발이 땅에 닿는 걸 느껴보세요. 이제 엉덩이, 몸통, 팔, 다리를 차례대로 의식해보세요. 한 걸음씩 걸을 때마다 각 부위가 어떻게 움직이는지 느껴보세요. 나의 몸이 얼마나 완벽한 박자를 만들고 있는지 살펴보세요.

이제 생각과 감정이 어떻게 움직이고 있는지 살펴보세요. 당신이 걸어서 나아갈 때마다 생각과 감정도 앞으로 나아가고 있습니다. 그 움직임에 깃든 활력을 느껴보세요. 당신은 원하는 대로 걸음을 내딛고, 원하는 방향으로 나아가고 있습니다.

산책을 끝마치기 전에, 잠시 시간을 들여 당신이 경험한 걷기를 곱씹어보세요. 걷는 동안 머릿속에는 무슨 생각이 떠올랐나요? 마음과 함께 걸어보니 어땠나요? 걷기라는 경험을 좀 더 의식적으로 지각하고 나니까 걷기가 어떻게 느껴지던가요?

어떤 일에서건 의식적인 관찰자가 되려면 연습이 필요합니다. 다행히도 인생에는 연습할 기회가 넘칠 만큼 많죠. 걸을 때만 그런 게 아닙니다. 청소를 하거나, 샤워를 하거나, 이를 닦거나, 운전을 하거나, 설거지를 하거나, 다른 사람과 이야기할 때에도 의식적인 관찰자가 되려고 해보세요. 생활 속에 의식적인 지각이 자리 잡는다면, 당신은 마음과 감정을 가고 싶은 곳으로 데려갈 수 있는 힘을 얻게 될 겁니다.

14

온전하고 완전하며 충분한

불안과 싸우는 사람들은 우리가 아는 가장 강인한 사람들 중 한 부류입니다. 전쟁에서 살아남은 생존자나 마찬가지죠. 당신도 아마 그 중 한 명일 겁니다.

그러나 그 중 다수가 스스로를 가혹하게 몰아붙입니다. 자기는 좋은 사람이 아니고, 약해빠졌으며, 지금껏 제대로 노력하지 않았다고 생각하는 거죠. 혹시 당신도 스스로를 그렇게 생각하나요? 어쩌면 '나는 어딘가 고장 난 사람이야', '난 너무 부족해' 같은 생각을 해봤을 수도 있습니다. 불안과 수치심은 바로 이 결핍과 부족의 공간에서 생겨난 작은 불씨를 화염으로 키우려 달려듭니다.

마음이란 원래 온갖 생각을 만들어내는 존재입니다. 그 중에는 가혹한 생각도 있고, 스스로를 함부로 평가해버리는 생각도 있죠. 사실 당신의 마음은 당신을 둘러싼 세상과 당신 내면의 세상에 있는 거의 모든 것들을 평가합니다. 아름답거나, 훌륭하거나, 그럭저럭 괜찮거나, 별로이거나, 끔찍하다는 둥 평가를 내리죠. 심지어는 당신이라는 사람의 본질을 평가하려고도 합니다.

그걸 그대로 내버려둔다면, 마음의 그 어두운 이면은 삶의 온갖 영역에 난입해서 당신에게 올가미를 씌우거나 발목을 잡을 겁니다. 그러나 이처럼 해로운 생각들의 손아귀에서 벗어날 수 있는 건강한 탈출 경로가 있습니다. 우선은 당신을 잡아먹을 수도 있는 '자기혐오'를 잡는 일부터 시작해봅시다.

사실 당신은 이미 준비가 되어 있습니다. 이 세상에 고장 난 사람은 아무도 없습니다. 고장 났다는 생각은 당신의 마음이 지어내서 당신에게 몇 번이고 덮어씌우는 평가일 뿐입니다. 그것도 아주 맥 빠진 평가죠.

그러나 그런 평가를 들을지 말지 결정하는 건 당신의 몫입니다. 오직 당신만이 그런 결정을 내릴 수 있습니다. 마음이 뭔가를 차려놨다고 해서 그걸 모조리 꼭꼭 씹어 삼킬 필요는 없습니다. 귀 기울이지 않기로 결정했다면 이제 당신은 스스로에게 친절과 자비를 베푸는 법을 배우기 시작한 겁니다. 불친절한 마음이 당신에게 고통을 가할 때는 자기친절과 자비가 가장 좋은 약이니까요.

이 방법을 배우기 시작한다면 삶이 달라질 수 있다는 점도 차츰 보이기 시작할 겁니다. 어떤 생각이 든다고 해서 반드시 그에 따라 삶을 결정해버릴 필요는 없습니다. 마음이 당신에게 밀어 넣는 쓸모없는 생각들을 다 믿을 필요도 없습니다. 이제 불안에 대하여 다르게 대처하는 방식을 배워봅시다.

평가를 지켜보세요

조용한 장소에 자리를 잡은 뒤 스스로에게 집중해보세요. 친절하고 따스한 여유공간으로 들어가는 겁니다. 이제 마음이 당신과 당신의 불안 문제에 대해서 뭐라고 하는지 1~2분 정도 들어보세요. 마음이 어떻게 당신을 때리고 걷어차던가요? 혹시 "너는 부족해"라고 하지는 않던가요? 그 말 속에는 지금의 당신으로 계속 있어서는 안 된다는 의미가 숨어 있습니다. "너로는 안 돼, 지금의 너 정도로 있는 건 좋지 않아"라는 것과 마찬가지입니다. 이것이 당신의 삶을 장악하도록 내버려둔다면 아마 당신은 자기의 생각이나 감정을 바꿔버리려고 고군분투하게 될 겁니다. 미처 알아차리기도 전에 마음과 또 다른 줄다리기를 벌이게 되는 거죠.

• 당신의 마음이 당신이라는 사람, 당신의 감정, 한 인간으로서의 자

존감, 당신의 인생 등에 대하여 붙여놓은 꼬리표나 평가를 살펴보세요.

- 그것들 중 하나를 골라, 그 단어를 눈앞의 커다란 영화관 스크린에 띄운다고 상상해보세요.

- 그 단어, 그 글자들, 글자의 빛깔 따위를 살펴보고 그 말뜻이 줄 수 있는 한계와 무기력함엔 어떤 것이 있는지 살펴보세요. 이처럼 꼬리표나 평가를 관찰할 수 있다는 점을 명심하세요. 그 단어가 무조건 당신 그 자체는 아니라는 점을 명심하세요. 그러한 생각들이 무조건 진실이라고 믿지 말고 그냥 살펴보는 겁니다.

- 꼬리표가 진실인지 아닌지를 놓고 마음과 토론을 벌이지는 마세요. 진실 여부보다 그 생각이 당신에게 도움이 되는지 아닌지가 훨씬 더 중요합니다. 그 생각이 당신을 앞으로 나아가게 만들어주는지, 혹은 그 자리에 멈추도록 발목을 잡는지, 여기에서는 그것만이 중요합니다.

- 모든 평가와 꼬리표에 대고서 평화롭고 너그러운 느낌으로 숨을 '후' 불어보세요.

- 그 모든 생각들이 왔다가 가도록 내버려두세요. 마음이 지어낸 꼬리표가 당신의 전부는 아니라는 점은 당신도 직감적으로 알고 있을 겁니다. 그 직감 속으로 빠져들어보세요.

앞으로도 일상 속에서 오래된 생각들이 불쑥 찾아와 당신을 제한하려 들고 맥 빠지게 만들 수 있습니다. 그럴 때마다 그 생각들을 의식적으로 관찰할 수 있는지 시도해보세요. 마음속 목소리 중 하나는 당신이 있는 그대로도 온전하고 완전하며 충분하다고 소리치고 있습니다. 바로 그 목소리에 귀 기울여보세요!

15

자기친절과 자기돌봄

많은 사람들이 스스로를 매몰차게 대합니다. 당신 또한 스스로에게 가혹한 사람일 수 있죠. 그런 사람들은 자기 자신에게 이렇게 묻습니다.

"도대체 왜 기운을 차리지 못하는 거야? 하여튼 멍청하기 짝이 없어. 다 머릿속에서 일어나는 일이라고. 나 자신한테도, 세상한테도 화가 나. 이놈의 공황발작도 싫어. 아주 싫어 죽겠어 그냥."

스스로를 향한 비난과 혐오는 해결책이 아닙니다. 오히려 상황을 더 악화시킬 수 있죠. 어떻게 보아도 좋게 말할 수가 없습니다. 부정적인 감정에 빠진 상태에서 스스로를 재단하고 비난하는 부정적 행위까지

겹친다면 더더욱 고통스러울 뿐입니다.

여기에서 벗어나려면 모든 것들을 새로운 시각으로 바라보아야 합니다. 당신이라는 사람이 당신의 몸, 마음, 경험과 맺는 관계를 변화시켜 보라는 말이죠. 어쩌면 난생처음 해보는 일일 겁니다. 당신은 스스로를 비난하고 미워하는 대신 자기의 보금자리를 돌볼 수 있습니다. 당신의 마음과 몸, 감정, 그리고 오랜 기억들이 당신에게 떠안기는 모든 것들을 돌보는 거죠.

당신의 앞에는 두 갈래 길이 놓여 있습니다. 하나는 불편하고 적대적인 보금자리로 이어지고, 나머지 하나는 따스하고 다정한 보금자리로 이어지죠. 스스로를 친절하게 대하자는 건 곧 스스로를 사랑하고 보살피는 행동을 하자는 것과 같습니다. 당신이 사랑하고 아끼는 사람 혹은 물건을 대할 때와 똑같은 방식으로 스스로의 마음과 몸과 영혼을 대하는 거죠. 이 길을 택할 수밖에 없을 테니, 이제 스스로에게 친절해지는 방법을 연습해봅시다.

자기친절은 불안, 화, 후회, 수치, 우울을 달래줄 강력한 치료제입니다. 다음의 연습은 당신이 스스로의 몸이나 마음과 더 이상 싸우지 않을 수 있도록 도와줄 겁니다. 삶에 평화와 기쁨을 불어넣어줄 연습치고는 아주 간단하기까지 하죠.

스스로에게 상냥해지기

매일 아침 눈을 떴을 때, 이불을 걷고 일어나기 전에 우선 한 가지 다짐을 해봅시다. 오늘은 스스로에게 친절한 행동을 하나 이상 해보겠다고요. 그리고 하루를 끝마칠 때까지 그 약속을 최대한 지켜보는 겁니다.

스스로에게 친절할 수 있는 행동에는 어떤 것들이 있을지 생각해보세요. 구체적으로 생각한 뒤 종이에 적어보세요. 명상을 하거나, 좋은 책을 읽거나, 산책을 나가거나, 음악을 듣거나, 꽃을 사거나, 맛있는 밥을 먹는 것도 좋죠. 삶이 불친절할 때 혹은 마음과 몸에 불쾌한 일이 생겼을 때 스스로에게 다정하고 애정 어린 조치를 취해주는 일도 좋습니다.

만약 소중한 사람이 지금 당신과 똑같은 일을 겪고 있다면 그 사람에게 무엇을 해줄지 생각해보세요. 어떻게 말을 건네고, 어떻게 대해줄 건가요? 바로 그 목소리 톤과 다정한 태도로 스스로를 돌봐주세요.

무언가 특별한 걸 성취하고 좋은 대우를 받을 만한 자격을 얻었기 때문에 스스로에게 친절하게 대해주는 것이 아님을 명심하세요. 그렇다고 이기적으로 자기만 챙기라는 말도 아닙니다. 이건 스스로의 건강과 안녕을 위한 겁니다. 만약 도움이 된다면 이 행위를 '자기돌봄'이라고 불러도 좋습니다. 심장이 뛰고, 살아 숨 쉬고 있으니 당신은 친절함을 누릴 자격이 있습니다. 우리 모두가 그렇죠. 특별한 날에만 그런 게 아닙니다. 자기친절과 사랑은 언제나 어느 때에나 스스로에게 베풀 수 있습니다.

친절이 필요할 때도 다른 누군가가 친절을 베풀어줄 때까지 기다릴 필요가 없습니다. 언제든지 원하는 만큼 스스로를 부드럽고 친절하게 돌봐줄 수 있으니까요. 그렇게 하는 과정에서 당신 최고의 인생을 사는 데 필요한 내면의 힘도 기를 수 있답니다!

16

수용 기르기

우리는 불안과 싸워온 사람들을 수도 없이 만나보았는데, 그 중 많은 사람들이 한 번씩은 하는 말이 있습니다.

"불안하지만 어쩌겠어요. 받아들여야죠."

그들은 불안을 받아들이는 '수용'이 곧 포기를 의미한다고 생각합니다. 결국에는 변화하려는 노력 자체를 포기하기도 하죠. 그러나 수용은 결코 그런 의미가 아닙니다.

수용은 마음을 열고, 현재 일어나는 일과 있는 그대로 함께하는 방식입니다. 그러나 스스로 알지 못하는 일을 수용할 수는 없습니다. 스스로가 저항하고 적대시하는 일도 수용할 수 없습니다.

무언가를 수용한다는 건 곧 그것을 위한 공간을 내어주고, 있는 그대로 머물도록 놔두는 일입니다. 이를 위해서는 무엇이 불편한지를 밝혀내려는 의지도 필요합니다. 마음을 챙기고 현재에 집중하는 법을 배운다면 당신은 여기서부터 큰 변화를 일으킬 수 있습니다.

마음챙김 연습은 마음에 무엇이 찾아오는지, 또 무엇을 느끼게 될지를 우리가 선택할 수는 없다는 점을 알려줍니다. 그러나 어디에 어떻게 집중할지, 그리고 무엇을 할지는 선택할 수 있죠. 마음챙김 연습은 고통스러운 경험을 더욱 명확하게 바라보도록 도와줄 겁니다. 또한 삶에 달콤한 순간들이 찾아올 때에도 그 순간을 보다 온전히 함께할 수 있도록 만들어줄 겁니다.

불안과 같은 불쾌한 감정적 경험이 마음속 공간에 머물도록 놔두는 일에 친절과 연민은 빠질 수 없습니다. 친절과 연민 없이 수용을 시도한다면 아마 금방이라도 터질 것만 같은 시한폭탄을 들고 멀뚱히 서 있는 듯한 불안감을 느끼게 되겠지만, 약간의 호기심과 연민만 있다면 충분히 고통을 견뎌낼 수 있죠. 수용은 고통을 감당할 수 있는 크기로 줄여주는 동시에 고통을 존중할 수 있게 해줄 겁니다. 심지어는 고통을 무언가 배우고 성장할 수 있는 기회로 만들어버릴 수도 있죠. 그러니 잊지 말고 삶 속 수용을 길러보세요.

다음의 연습이 수용 기르기를 도와줄 겁니다. 스스로에 대한 연민과 온정을 최대한 많이 끌어모은 뒤, 애정 어린 친절함으로 스스로의 불안과 함께 지내는 법을 가르쳐준다는 말이죠. 이 연습은 또한 불안이 당신의 적이 아님을 깨달을 수 있는 실질적인 방법이기도 합니다.

생각과 느낌 받아들이기

- 편안한 자세로 앉아 부드럽게 눈을 감아보세요.

- 몇 분 동안 자신의 숨결과 신체적 감각들을 살펴보세요. 가슴과 배가 호흡에 따라 부드럽게 오르내리는 데 천천히 집중해보세요.

- 있는 그대로의 경험을 너그럽게 받아들이고, 친절하게 수용하겠다고 다짐하면서 자연스럽게 호흡해보세요.

- 얼마 가지 않아 마음이 흐트러질 겁니다. 다른 일이나 생각, 걱정, 이미지, 몸의 감각, 계획 등이 신경 쓰이기 시작하겠죠. 멍하니 상상에 빠질 수도 있고, 이 생각 저 생각 표류할 수도 있습니다. 마음이 방황하고 있다는 사실을 알아차렸다면, 그 사실을 그저 인정한 뒤 다시 호흡에 부드럽고 자연스럽게 집중해보세요.

- 다른 감정이나 긴장, 혹은 강렬한 신체적 감각이 느껴질 때에도 그 감각을 살펴보고 그 존재를 인정한 뒤, 마음속에 그 감각이 머물 공

간을 마련할 수 있는지 살펴보세요. 숨을 들이쉴 때마다 가슴속 공간이 더 넓어진다고 상상해보세요.

- 몸 안의 감각들이 매순간 어떻게 바뀌는지 느껴질 겁니다. 불편하게 느껴지는 부위가 어디든, 그 감각에 대고 침착하게 숨을 불어넣고 또 들이마셔보세요. 그 숨결이 불편한 부위를 드나든다고 상상해보세요.

- 몸속 신체적 감각과 함께, 감각에 대한 생각들, 그리고 그 생각들에 대한 생각들도 인지했을 것입니다. 만일 그렇다면 그저 그 생각들을 한번 쳐다보고 다시 숨결과 있는 그대로의 지금 이 순간에 집중해보세요. 생각은 생각일 뿐이고, 신체적 감각은 신체적 감각일 뿐이며, 느낌은 느낌일 뿐입니다. 그것보다 더하지도 덜하지도 않습니다.

- 생각과 느낌이 어떻게 마음과 몸에 왔다 가는지 살펴보세요. 단, 그렇게 하는 동안에도 계속해서 숨결과 함께해야 합니다. 그렇게 한다면 당신의 일부인 현명한 관찰자도 계속해서 함께해줄 겁니다. 이 현명한 관찰자는 당신에게 찾아온 모든 경험들을 살펴봐줍니다. 당신이라는 사람은 곧 당신의 경험이 드리울 자리이자 공간입니다.

생각이나 느낌이 당신에 대하여 끈질기고 강렬하게 무어라 말한다고 해도 그게 다 당신인 건 아닙니다. 그러니 당신이라는 공간을 친절하고, 부드럽고, 애정 어린 환영의 공간으로 만들어보세요.

- 준비가 되었다면 당신을 둘러싼 주변의 소리들에도 주목해보세요. 오늘 하루 동안에도 마음챙김 수용을 계속해서 시도해보겠다고 다짐하면서 천천히 눈을 뜨세요.

처음부터 해내기에는 꽤 어려운 연습입니다. 그러나 어렵다는 생각에 방해받지 말고 앞으로 몇 주간 연습해보세요. 수용은 연습을 통해 느는 기술입니다. 살면서 필요한 순간이 오면 언제 어디서라도 수용 기술을 꺼내 쓸 수 있을 만큼 갈고닦는 게 최종 목표입니다. 연습을 하는 데 옳고 그른 방법이 따로 있는 건 아닙니다. 그러니 연습을 하는 동안에도 스스로에게 친절해져보세요. 당신이 더 나은 관찰자가 되기 위해, 또 스스로의 삶에 더 온전히 참여하기 위해 이 연습에 매진하고 있다는 점이 무엇보다도 중요합니다.

17

환상 깨트리기

어린아이가 노는 모습을 보고 있으면 어딘가 신기해 보일 때가 있습니다. 아이들은 완전히 지금 이 순간을 살죠. 끝없이 밀려드는 생각에 방해받지도 않습니다. 그러나 그러한 현존감도 아이들이 커가면서 자기 자신이나 주변 세상에 관하여 언어나 상징을 통해 생각하고 의사소통하는 방법들을 배우는 과정에서 급격하게 흐려집니다.

이제 다 커버린 우리는 때때로 언어가 경험을 공유할 수 있는 강력한 수단이라는 사실을 잊곤 합니다. 그러나 아무리 말을 하고 들어도 실제로 경험하는 것과는 비교할 수가 없죠. 편안한 의자에 앉아 있다는 상상은 실제로 편안한 의자에 앉아 있는 경험에 비하면 아무것도 아닙니다.

그러나 언어와 생각의 바다에서 헤엄치다 보면 종종 생각을 문자 그대로 받아들이거나 그 생각이 설명하는 경험과 똑같은 것처럼 여기게 됩니다. 이를 그대로 내버려둔다면 우리는 마음이 말과 영상을 빌려 생각을 만들어낸다는 사실을 망각하고 말 겁니다. 심하면 생각이 우리의 존재를 위협할 수 있을 만큼 실재하는 사물이라고도 생각하게 되겠지요.

그러나 한 발자국만 물러나서 보면 사실 생각은 아무런 형태나 실체를 갖추지 못한 단어 무더기일 뿐입니다. 그 사실을 깨닫게 된다면, 생각이 종용하는 결론이나 행동에서 벗어나 좀 더 열린 마음을 가지게 될 겁니다. 생각이 그저 말뿐이라는 사실을 확인하는 일을 다음의 연습이 도와줄 겁니다.

생각 가지고 놀기

'거미'라는 단어를 예로 들어 시작해봅시다. '거미'를 생각할 때 당신의 마음속에는 무엇이 보이나요? 거미가 기어 다니는 게 보이는 것 같나요? 실제로 거미를 무서워하는 사람이라면 그 단어를 떠올리는 것만으로도 불안하거나 역겨운 기분이 들 수 있습니다. 이제 시계가 보이는 곳에 앉아보세요. '거미'라는 단어를 빠른 속도로 반복해서 큰 소리로 말해보세요.

"거미 거미 거미 거미!"
정확하게 40초 동안 계속 말해봅시다.

40초가 다 지나갔으면 이제 그 단어의 의미에 무슨 일이 일어났는지 살펴보세요. 여전히 아까처럼 소름끼치나요? 아직도 거미가 눈앞에 보이는 것 같나요? 혹시 말하는 와중에 발음이 뭉개지다가 결국에는 그냥 "검 검 검 검" 하게 되지 않았나요? 고작 40초 만에 단어의 의미가 녹아 없어졌다는 게 보이나요?

연습을 다시 한번 반복해봅시다. 이번에는 생각이 당신에게 건네는 말들 중에서 당신을 불안하고 두렵게 만드는 말을 사용해봅시다. 당신의 속을 뒤집어놓고 심란하게 만드는 단어면 됩니다. 한 단어로 된 말을 골라보세요. 예를 들면 '걱정' '공황' '불안' '외로움' '슬픔' '죽음' '더러움' '병' '높이' '사람들' 등이 좋습니다. '못생겼어' '멍청해' '쓸모없어' '재미없어' 같은 평가의 말도 괜찮습니다. 그 단어를 생각하는 것만으로도 벌써 상처가 도지거나 화가 날 수도 있을 겁니다.

이제 그 단어를 40초 동안 빠른 속도로 반복해서 큰 소리로 말해보세요. 40초가 끝났다면 되돌아보세요. 아직도 그 단어가 예전처럼 정말인 것 같나요? 그것 또한 단어일 뿐이고, 형태도 실체도 없는 소리일 뿐이라는 점이 보이나요?

이 연습은 마음이 때로 불안괴물처럼 보이는 환영을 만들어내기도 하지만 그것이 실제 괴물은 아니라는 점을 우리에게 알려줍니다. 그건 그냥 이미지나 소리 따위를 연상시키는 단어에 지나지 않죠. 그 단어를 보면 학습된 말뜻이 떠오를 뿐입니다. 이 점을 이해할 수 있다면 이제 당신은 마음의 덫에서 벗어나는 능력을 키울 수 있습니다. 또한 당신과 당신의 생각은 동일하지 않다는 점도 알게 될 겁니다.

18

다 믿진 마세요

마음은 늘 생각들을 우리 앞에 줄줄이 늘어놓으면서 우리가 그걸 무조건 믿기를 바랍니다. 때로는 그 중에 유용하거나 낙관적인 생각들도 섞여 있습니다. 그런 건 주목해볼 가치가 있죠. 그러나 사람의 마음이 낳은 생각이란 전혀 쓸모없을 때도 많습니다. 어느 것이 쓸모없는 생각인지는 당신도 알 겁니다. 그런 걸 믿었다가는 불안한 기분만 더 들고, 삶이 쪼그라들고 있다는 느낌만 더 짙어질 뿐이죠.

그 악순환에서 벗어나는 방법을 배워봅시다. 머릿속에 떠오른 생각이나 이미지들의 정체를 파악해보는 겁니다. 생각이란 어찌나 진짜 같은지! 그러나 다음 연습에서도 알 수 있듯, 당신의 마음이 늘어놓는 생각들과 당신이라는 사람 사이에는 중요한 구분선이 있습니다. 마음이 쓸모없는 생각들을 자꾸 눈앞에 들이민다면, 다음의 간단하고 효과적인 연습이 당신을 도와줄 겁니다.

다시 생각해보기

이번 연습은 간단하긴 해도 익숙해지기까지는 시간이 좀 걸릴 겁니다. 어떤 생각이 떠오를 때마다, 끝에 "~것 같은 생각이 들어"라는 말을 붙여보세요. 예를 들어, '바깥에 나갔다가는 공황발작이 일어날 거야'라는 생각이 든다면, "바깥에 나갔다가는 공황발작이 일어날 것 같은 생각이 들어"라고 소리 내서 말해보는 겁니다. 또 다른 예로, '불안 문제를 해결하지 못한다면 앞으로 형편없는 삶을 살게 될 거야'라는 생각이 든다면 "불안 문제를 해결하지 못한다면 앞으로 형편없는 삶을 살게 될 것 같은 생각이 들어"라고 말해보는 겁니다. 그렇게 함으로써 스스로가 어떤 '생각'을 하고 있다는 점을 인지해보는 겁니다.

무서운 이미지나 감정에 대해서도 같은 전략을 사용할 수 있습니다. 어떤 이미지가 마음속에 떠오를 때마다 스스로에게 "~인 것 같은 이미지가 머릿속에 떠올랐어"라고 말해보는 겁니다. 어떤 기분이 들이닥칠 때에도 스스로에게 "~한 것 같은 기분이 들어"라고 말해봅시다.

예를 들면 "죽을 것 같아"가 아니라 "죽을 것 같은 기분이 들어"라고 말이죠.

그렇게 하기가 너무 어색하거나 어렵다면 그냥 이름표를 달아주는 방법도 있습니다. 어떤 생각이 들 때마다 그 현상에 '생각'이라는 이름표를 달아주는 겁니다. "생각이 떠오르는구나"라고 말이죠. 무언가 이미지가 떠오를 때에도 스스로에게 "이미지가 떠오르는구나"라고 말하는 겁니다. 육체적으로 무언가 감각이 느껴질 때에도 한 번에 한 개씩 이름표를 붙여보세요. "감각 하나가 느껴지는구나"라고요.

마음과 몸이 당신에게 무언가를 들이밀 때마다 이 방법을 써보세요. 생각이나 감정은 사실 무조건 귀 기울이거나 신뢰할 만큼 괜찮은 존재가 아닙니다. 이 연습을 통해 생각이나 감정의 정체를 살펴볼 여유 공간을 만들어보세요.

지금 소개한 새로운 말버릇과 이름표 붙이기를 습관 들이는 데에는 꽤 시간이 걸릴 겁니다. 처음에는 어색하게 느껴지겠죠. 그래도 그만두지 말고 계속 연습해보세요. 이 새로운 기술은 생각을 생각으로, 이미지를 이미지로, 느낌을 느낌으로 볼 수 있도록 도와줄 겁니다. 강렬하고 무서운 생각과 이미지와 느낌이 너무나 진짜처럼 다가올 때에도 그것들은 여전히 고작 생각과 이미지와 느낌에 지나지 않는다는 점을 명심하세요. 그것만 명심한다면 불안이 들이닥칠 때에도 미리 만들어놓은 여유공간 안에서 앞으로 나아갈 수 있을 겁니다. 마음이 늘어놓는 모든 것들을 믿을 필요는 없습니다.

19

함정에서 벗어나기

당신의 마음은 지금 서 있는 곳이 안전하고 덜 위험하다면서 당신을 그 자리에 매어두려고 합니다. 그걸 물리치고 앞으로 나아가기란 쉽지 않죠. 불안한 기분이 찾아올 때, 당신의 마음은 이대로 머물러야 한다거나 차라리 도망쳐야 한다면서 온갖 이유를 댑니다. 그러나 그건 마음이 놓는 함정일 뿐더러, 그 함정에 걸린다면 당신이 바라던 인생과는 아주 다른 일들에 얽매이게 될 겁니다.

그 중에서도 가장 위험한 함정은 불안과 함께 지내는 것보다 불안에게서 도망치는 게 훨씬 낫다고 정당화해주는 장황한 설명이나 논리들입니다. 때때로 마음은 당신에게 이런 말을 합니다.

"그걸 한다고? 바보짓 하려고 하는구나?"

"공황발작이라도 일으키면 네가 다칠 수도, 다른 사람을 해칠 수도 있어. 창피를 당할 수도 있고, 심할 땐 죽을지도 모른다고?"

"너는 못 버텨. 신경쇠약이 도질 거야. 제대로 대응하지도 못하겠지. 숨도 잘 못 쉴걸? 어쩔 줄 모르고 쩔쩔매기만 할 거야. 그러니까 그럴 것 같은 일은 아예 하지 마."

이러한 생각들은 모두 하려던 일에서 손을 놓고 멍하니 앉아 있게 만드는 함정입니다.

좀 더 깊이 들어가자면, 마음이 하는 말은 전부 "불안증 주제에 어떻게 멀쩡하게 살겠다는 거야?"라는 말과 같습니다. 하지만 당신은 불안과 함께든 아니든 상관없이 잘 살아갈 수 있습니다. 다만 여기에는 스스로의 용기가 필요합니다. 용기를 낸다는 건 자신의 두려움보다 다른 무언가가 더 중요하다고 결정하는 일과 같죠.

불안한 마음이 당신을 함정에 빠뜨리려고 할 때, 생각의 명령을 곧이곧대로 따르지 않고 그저 그 곁에서 침착하게 버틴다는 건 아마 당신이 할 수 있는 가장 용감한 일 중 하나일 겁니다. 거기서 도망치거나 회피하고 싶은 충동이 너무나도 강할 테니까요. 불안한 생각과 감정이 찾아와도 그냥 내버려두기는 결코 쉽지 않습니다.

마음은 예전처럼 내 말 좀 들으라며 당신에게 크게 소리를 지를 겁니다. 그러나 마음이 성질을 부린대도 그 말을 들어줄 필요는 없습니다.

생각은 그저 생각으로서 바라보면 됩니다. 이를 계속 연습한다면 생각이나 이미지, 충동 따위를 따라가기보다는 관망하고 살필 수 있게 될 겁니다.

우선 간단하게 마음 살피기부터 시작해봅시다. 마음 살피기 연습은 마음이 들이미는 온갖 고약한 것들을 곧이곧대로 받아들이고 믿는 대신 관찰자가 되어 마음을 바라보는 방법을 알려줄 겁니다. 이 방법을 터득한다면 언제 당신의 마음이 발목을 붙잡는 생각들, 불안하고 두렵게 만드는 생각들, 심지어는 스스로를 싫어하게 만드는 생각들 따위로 함정을 파는지 알게 될 겁니다. 다음의 연습을 통해 시작해보세요.

마음 살피기

- 5분에서 10분 정도 방해받지 않을 수 있는 곳에서 편안하게 앉아보세요. 눈을 감은 채 깊고 천천히 호흡하세요.

- 당신의 마음이 보통 크기의 흰 방이라고 상상해봅시다. 이 방에는 문이 두 개 있습니다. 생각들은 앞문으로 들어오고, 뒷문으로 나갑니다.

- 생각들이 흰 방으로 들어오는 모습을 가만히 지켜보세요. 분석하려 하지 마세요. 끼어들거나 따지려들지 마세요. 신뢰하지도 불신하

지도 마세요. 생각이 들어왔다는 사실만 인정하면 됩니다. 인정한 다음에도 손대지 말고 가만히 놔두세요. 생각이 떠날 낌새를 보인다면 떠나도록 내버려두세요. 붙잡으려 애쓰지도 마세요.

- 계속 호흡하면서 가만히 지켜보세요. 굳이 모든 생각에 반응해줄 필요는 없습니다. 무언가 행동할 필요도 없습니다. 그래야 할 것 같다고 해서 당신이 모자란 사람인 것도 아닙니다.

- 다시 생각들을 지켜보고 인정한 뒤, 그 생각들이 흰 방에 들렀다 가는 손님이라고 생각하고 대접해주세요. 뭐라고 하는지 잠시 지켜보세요. 떠날 채비가 된 것 같다면 떠나게 내버려두세요. 다음 생각, 그다음 생각도 같은 식으로 맞이해보세요.

- 생각들과 거리감이 느껴질 때까지 연습을 계속해보세요. 스스로에 대한 평가들도 흰 방에 잠깐씩 다녀가도록 놔두세요. 평가도 중요하게 여겨줄 필요 없고, 그것 때문에 무언가 행동해야 할 필요도 없습니다.

- 빼놓지 말고 하루에 한 번 이상 연습해보세요.

스스로를 평가하는 말이나 달갑지 않은 생각에 얽매이는 대신 그저 그 생각들을 지켜보고 관찰하는 게 마음 살피기 연습의 핵심입니다. 관찰자가 되는 데 더 몰두한다면 생각에 조종당하지 않고서도 생각이 왔다 갈 수 있도록 놔둘 수 있게 될 겁니다. 그렇게 만들겠다고 다짐해 보세요. 마음의 함정이 어떻게 생겼는지를 반드시 알아보아야 합니다. 이는 싸움이나 회피의 함정에서 벗어날 수 있는 중대한 첫발자국이기도 하죠. 그렇게 스스로의 자유를 되찾는 겁니다.

20

마음이 사람이라면?

모든 사람을 좋아할 수는 없습니다. 누구나 그렇죠. 짜증나는 사람이 꼭 한 명쯤은 있기 마련입니다. 마음속 깊은 두려움과 약점을 파헤치고 겁을 주는 사람도 있을 겁니다. 그런 사람들은 달갑지 않고 거슬리는 말과 행동을 거듭하면서 당신을 아프게 쿡쿡 찌를 겁니다. 결국 당신은 기분이 나빠져버리겠죠.

마음 또한 이처럼 당신을 괴롭히고 조롱하는 불량배들 중 하나라고 생각해보세요. 다른 시각으로 한번 바라보는 겁니다. 스스로에게 물어보세요.

"지금 나한테 말 거는 게 누구지?"

마음이라는 사람이 당신의 등 뒤에 바짝 붙어 속삭이고 있다고 생각해보세요. 정말 그 사람 말이 듣고 싶은가요? 이전에 그 사람이 당신에게 유용한 조언을 해준 적이 있었나요?

이렇게 말하면 너무 추상적으로 들릴 수도 있습니다. 그러니 구체적인 연습을 통해 배워봅시다. 연습을 따라가는 동안 종이 한 장에 당신의 대답을 적어보세요.

나는 누구를 상대하고 있는가?

우선 불안한 마음과 마주 앉아봅시다. 불안하거나 두려운 기분이 느껴질 때나 그 직전, 혹은 그 직후에 마음이 당신과 당신의 삶에 관하여 어떤 말들을 들이밀었는지 떠올려보세요.

이제 마음이 방금 처음 만난 낯선 이라고 생각해봅시다. 잠시 시간을 들여 상상해보세요. 눈을 감고 그 장면을 선명하게 떠올려보세요.

그 사람은 어떤 사람인가요? 구체적으로 상상해보세요. '불안한 마음'씨는 성격이 어떤가요? 당신은 지금 어떤 사람을 상대하고 있나요? 상냥하고 애정 넘치는 사람인가요, 아니면 비판적이고 가혹하며 독선적인 사람인가요? 같이 시간을 보내고 싶은 사람인가요? 이 사람과 친구가 되거나 저녁식사에 초대할 의향이 있나요?

이제 디테일을 더해봅시다. 이 사람은 여자인가요 남자인가요? 나이는 몇 살인가요? 얼굴은 어떻게 생겼나요? 몸매는 어떤가요? 키는 어느 정도 되고, 옷차림은 어떤가요? 행동거지는 어떤가요?

이제 더 깊이 들어가봅시다. 그 사람은 어떻게 말하나요? 목소리가 큰가요? 독선적인가요? 으스대나요? 부정적인가요? 잔소리꾼인가요? 말할 때 사투리를 쓰지는 않나요?

이제 잠시 한 발자국 물러나서 스스로에게 물어보세요. 이 사람은 누구인가요? 이 사람에게 이름을 지어주세요. 주저하지 말고 웃긴 이름을 붙여보세요. 시간을 들여 곰곰이 생각해보세요.

그 사람이 머릿속에 명확하게 그려졌다면, 이제 그가 어느 날 연락도 없이 집앞에 찾아왔다고 상상해보세요. 문을 열었을 때 그 사람이 보인다면 당신은 어떤 반응을 보일 건가요? 친한 친구나 가족을 맞이할 때처럼 애정 어린 방식으로 맞이해줄 건가요? 아니면 '불안한 마음'씨가 달갑지 않은 손님이나 적수라도 되는 것처럼 떨떠름하게 인사할 건가요? 어쩌면 애증이 느껴질 수도 있을 겁니다. 그러나 다시 생각해본다면 당신은 아마 다른 사람들과 굳이 애증관계나 적대관계를 맺고 싶지는 않을 겁니다. 바로 여기서 변화가 필요한 셈이죠.

만약 당신의 마음이 정말로 '불안한 마음'씨와 같은 사람이었다면, 당신은 정말 그 사람이 하는 말을 전부 귀담아들을 건가요? 언제 어디서 무엇을 할지도 그 사람이 정하도록 내버려둘 건가요? 아마 아닐 겁니다. 그러니 다른 사람들과 바람직한 인간관계를 맺으려 하듯, 당신의 마음이나 감정을 상대로도 당신이 원하는 관계를 맺길 바랍니다.

21

단어, 글자, 잉크

종종 생각은 형태와 실체가 있는 사물처럼 느껴질 수 있습니다. 생각에 짓눌린다는 건 거대한 바윗덩어리에 짓눌리는 느낌과도 비슷하죠. 그러나 이는 환영일 뿐입니다. 사실 생각들은 향의 연기처럼 피어오를 뿐입니다. 연기를 거머쥐려 하면 손아귀 사이로 빠져나갈 겁니다. 붙잡으려 애써도 손가락 사이로 빠져나갑니다. 결국 연기는 공기 속으로 사라지고, 그 자리엔 아무것도 남지 않습니다. 흔적조차 남지 않죠. 이처럼 생각이란 본질적으로 형태나 실체가 없는 단어 혹은 이미지에 지나지 않습니다.

생각의 본질을 꿰뚫어볼 수 있게 된다면 우리는 이제 자기 자신과 자신의 생각을 더 이상 동일시하지 않을 수 있습니다. 또한 자신의 모든 생각들을 귀담아듣고 그대로 믿어야 한다는 환상에서도 벗어날 수 있습니다.

다음의 연습이 그 기술을 연마할 수 있도록 도와줄 겁니다.

생각 카드

이 연습은 불안한 생각과 충동들이 떠오를 때라면 언제 어디서든 할 수 있습니다. 손바닥만 한 종이 여러 장이나 인덱스카드를 준비해보세요. 불안과 두려움이 찾아올 때마다 그 감정들에 써 붙일 꼬리표를 만드는 겁니다. 생각, 걱정, 감각, 충동, 이미지 따위를 카드 한 장당 한 개씩 적어보세요. 구체적으로 적어야 합니다!

이제 카드에 무엇을 적었는지 살펴봅시다. 누가 당신에게 무엇을 보고 있냐고 물어본다면, 당신은 뭐라고 설명할 건가요? "여기 적힌 단어들이요"라고 대답하고 넘어갈 수도 있겠습니다만, 좀 더 정확하게 이야기해봅시다. 단어를 읽고 있다는 당신은 실제로 무엇을 쳐다보고 있나요?

잠시 시간을 들여 눈앞에 무엇이 보이는지 알아보려 한다면, 아마 당신은 단어와, 글자와, 그 글자를 쓴 잉크를 쳐다보고 있다는 점을 깨닫게 될 겁니다. 그게 다입니다. 만일 당신이 "나는 무능해"라고 적어놓은 뒤 그걸 보고 있다면, 당신은 단어와 글자와 잉크를 보고 있는 겁니다. 만일 당신이 적은 게 "나는 바나나다"라고 해도, 당신은 똑같이 단어와 글자와 잉크를 보게 될 겁니다. 모든 생각들은 비슷한 것들로 만들어지니까요.

방금 전까지만 해도 당신의 머릿속에는 온갖 생각과 충동이 들어 있었을 겁니다. 아마 엄청나게 단단하고 무겁게 느껴졌겠죠. 이제 당신은 그걸 끄집어냈고, 꺼내놓은 걸 쳐다보고 있습니다. 그게 무엇인지 충분히 살펴볼 수 있도록 스스로에게 시간을 주세요. 당신의 삶을 카드 위의 단어, 글자, 잉크로 치환하니까 어떤가요? 카드의 말을 듣고 싸움에 휘말리거나, 혹은 적어놓은 것들을 그저 생각과 감각과 이미지와 충동으로만 볼 수도 있다는 점을 눈여겨보세요. 어떻게 할지는 당신의 선택에 달려 있습니다. 거기 적힌 건 고작 단어, 글자, 잉크일 뿐이니까요.

이제 마음과의 싸움이 어떤 일인지를 좀 더 알아봅시다. 카드 한 장을 골라 두 손 사이에 포개고, 카드에 생각과 충동을 잔뜩 담은 뒤 양 손바닥을 있는 힘껏 뭉개보세요. 최소한 삼십 초 동안 계속 뭉개보세요. 뭉개기가 끝났다면 이제 카드를 살며시 무릎 위에 놓아보세요. 생각이나 충동을 짓뭉개려던 시도와, 카드를 무릎에 가만히 올려놓았을 때의 경험을 서로 비교해보세요. 어떤 점이 다른가요?

생각이나 충동을 가볍게 데리고 다니는 일도 상당한 도움이 됩니다. 일상생활을 할 때 주머니나 지갑, 가방에 카드를 몇 장씩 들고 다녀보세요. 그 카드들을 들고도 멀쩡하게 돌아다닐 수 있다는 사실을 눈여겨보세요.

짬이 날 때마다 카드들을 꺼내서 살펴보세요. 단, 거기 적힌 말에 현혹되어서는 안 됩니다. 그냥 쳐다보고 관찰해보세요. 지금 당신은 단어와 글자와 잉크를 쳐다보고 있다는 사실을 기억하세요. 선택권은 당신에게 있다는 점도 명심하세요. 당신은 카드에 담긴 생각들에 붙잡힐 수도 있고, 아니면 무언가 다른 일을 하며 살아갈 수도 있습니다. 지난날을 되돌아본다면 아마 어떤 선택을 내려야 할지 알 수 있을 겁니다. 스스로의 불안한 마음이 아니라, 이제 스스로의 경험을 믿을 시간입니다.

생각과 충동을 카드에 적는 연습을 해본 뒤, 그 카드들을 늘 가지고 다녀보세요. 그만하고 싶어질 때까지 계속해도 좋습니다. 원한다면 이따금씩 새 카드를 만들어보세요. 우리가 아는 몇몇 분들은 인덱스카드를 무더기로 만들어둔 뒤, 매일 아침 그 속에서 카드 네댓 장을 골라 하루 종일 들고 다녔다고 합니다. 마치 지나온 역사가 언제 어디서나 당신과 함께하는 것처럼, 카드가 생각날 때마다 언제나 그 카드가 당신과 함께할 겁니다.

들고 다니던 카드를 꺼내보거나 읽어보았을 때, 거기에 적힌 말 때문에 머릿속이 복잡해지지도 않았고 그 말을 따라 행동하지도 않았다면 이제 당신은 아주 중요한 기술을 습득한 셈입니다. 연습을 거듭할수록, 당신은 그 단어들이 오랫동안 당신에게 행사했던 영향력으로부터 조금씩 벗어날 수 있을 겁니다.

22

기다리세요

앞서 소개했던 '흰 방을 드나드는 생각들 지켜보기', '생각과 함께 마음 챙겨 걷기' 등은 일상적으로 사용할 수 있는 훌륭한 기술들입니다. 그러나 불안이 너무나 강렬할 때에는 희망도 사라질 겁니다. 스스로에게 충실하겠다는 굳은 다짐도 무너지게 되죠. 제정신으로는 상황을 버텨내기가 불가능해 보일 때가 있습니다. 불편에서 벗어나야 한다는 생각이 자연스레 샘솟을 겁니다. 무언가 해야 된다는 충동이 고통스러울 만큼 강하게 들겠죠. 마음속에서 강렬한 폭풍이 일어납니다. 이 때문에 당신은 스스로 통제를 잃었다고 생각할 수도 있고, 겁을 먹을 수도 있습니다.

당신의 마음속에는 천둥처럼 울리는 충동, 번개처럼 내리꽂히는 두려움, 한 치 앞도 보이지 않는 것 같은 불안, 당장이라도 달아나라는 듯 몰아치는 비바람이 있을 겁니다. 그러나 그처럼 날뛰는 마음과 함께 앞으로 나아가는 방법도 있습니다. 꽤 많은 용기가 필요한 일이죠. 폭풍에 떠밀려 날아가는 대신, 폭풍과 함께하는 법을 배우는 겁니다. 그 방법을 연마한다면 당신은 두려움 없는 삶, 두려움에게 지배당하지 않는 삶에 한 발자국 더 가까워질 수 있습니다.

이것 또한 지나가리라

- 편안하게 앉은 뒤 가만히 눈을 감아보세요. 숨을 들이마시고 내뱉으면서 잠시 시간을 들여 호흡의 자연스러운 리듬을 느껴보세요.

- 마음이 차분해졌다면, 최근 불안으로부터 도망치고 싶은 충동을 강력하게 느꼈던 때를 떠올려보세요. 그 상황을 최대한 마음속에 선명하게 그려보세요. 당신은 어디에 있었나요? 거기에 누가 또 있었나요? 무슨 일이 있었나요? 당신은 그때 어떤 일을 겪었고, 그걸 떠올리는 지금은 어떤 경험을 겪고 있나요?

- 그 상황을 떠올리는 동안 마음속에 들이닥치는 불안의 폭풍을 살펴보세요. 어떤 신체적 변화가 나타나는지 살펴보세요. 고통이 느

껴질 수도 있고 짓눌리는 듯한 기분이 들 수도 있습니다. 스스로의 감각이나 감정에 관한 이런저런 생각들이 번개처럼 내리꽂히기도 할 겁니다. 당신의 마음은 스스로의 감각과 감정에 대해서 뭐라고 하던가요? 그 상황에 관해서는요? 당신에 관해서는요?

- 이제 행동해야만 한다는 충동이 물리적인 경험이라고 생각해봅시다. 세찬 비바람이 당신이 소중히 여기는 모든 것과 당신의 다짐을 씻어버리려 한다고 생각하고 그 거센 기운에 집중해보세요. 어떤 기운인가요? 그 기운은 당신을 짓누르고 있나요? 당신을 못살게 굴거나 긴장하게 만드나요? 그 기운은 어디에서 몰아치고 있나요? 형태가 있다면 어떻게 생겼나요? 무슨 색인가요?

- 이제 폭풍 밖으로 벗어나겠다고 다짐해보세요. 마음을 열고 두 팔을 활짝 벌린 뒤, 당신의 경험이라는 표면 아래에서 휘몰아치는 거센 기운과 함께한다고 상상해보세요. 가능하다면 얼른 가서 두 팔을 최대한 넓게 벌려보세요. 당신의 경험을 고치려 애쓰거나, 싸우거나, 억누르거나, 무언가 조치를 취하는 대신, 마음을 열고 경험을 받아들여보세요. 계속 양팔을 넓게 벌린 채로 그곳에 머물러보세요. 그 기운과 불편함이 마치 사랑하지만 많이 도와줘야 하는 당신의 골칫덩어리 친구라고 생각하고, 친절을 베풀어주고 이해하려고

노력해보세요.

- 마음속 폭풍이 마침내 물러나기 시작하는 걸 지켜보세요. 모든 것이 수그러들다가 결국엔 잠잠해지는 걸 지켜보세요. 그 고요함 속에서 편안하게 쉬면서, 당신에게 무언가 새롭거나 달라진 게 있는지 살펴보세요. 당신 자신과 당신의 인생을 위해 좋은 일을 했다고 스스로를 칭찬해보세요. 겁이 나고, 도망치고 싶은 충동이 들고, 스스로에게 욕을 퍼붓고 싶었지만 그렇게 하지 않았다는 점도 곱씹어보세요.

- 연습을 끝마칠 때가 되면, 당신이 이 연습을 통해 밟은 단계들을 되돌아보고 그것들을 소중히 여겨주세요. 원하는 삶을 향해 나아가면서, 어려운 충동들을 이겨내는 법을 연습하는 데 몰두하겠다고 다짐해보세요.

이 연습은 불안이란 결국에는 저절로 떠나가게 되어 있다는 점을 우리에게 가르쳐줍니다. 감정의 날씨를 통제할 수 있는 건강한 방법은 거의 없습니다. 그러나 각각의 날씨에 어떻게 대응할지는 언제든 선택할 수 있죠. 폭풍이 몰아친다면 마음을 열고, 마음을 챙기고, 있는 그대로의 자기 자신으로서 폭풍과 함께하는 법을 연습할 기회가 온 셈입니다. 당신의 앞길을 가로막겠다며 협박하는 불안이나 두려움과 함께 지내보는 연습도 될 겁니다. 불쾌한 감정이 찾아올 때마다 언제든지 이 연습을 해보세요.

23

무장해제시키기

불안은 당신의 적극적인 참여로부터 힘과 에너지를 얻습니다. 불안의 벽에 갇혀 있다는 느낌이 든다면 아마도 불안 괴물이 생각, 육체적 감각, 이미지, 원치 않는 충동 등의 형태로 둔갑해 벽을 쌓아 올리고 있기 때문일 것입니다. 그 벽 때문에 당신은 싸우고, 회피하고, 저항하고, 심지어는 포기하게 됩니다. 그러나 자신의 감정과 이런 식의 관계를 맺는 건 정확히 불안이 원하는 바와 같습니다. 바로 그러한 관계를 통해 불안은 위협적인 괴물로 자라나기 때문이죠.

다음의 연습에서는 불안 괴물을 무장해제해서, 그 괴물이 더 이상 당신이 살고 싶은 삶과 당신 사이를 가로막는 벽이 되지 못하도록 만드는 법을 배울 겁니다. 이 연습은 현재를 살고, 마음을 열고, 당신 자신과 당신의 경험에 대하여 더 친절해지는 법을 알려줄 겁니다. 결코 불안 괴물을 죽이자는 게 아닙니다. 그런 게 불가능하다는 건 우리 모두 알고 있으니까요. 이상하고 무섭고 혼란스러운 이미지나 평가 섞인 생각들을 늘어놓지 못하도록 마음을 아예 가두고 차단시키자는 말도 아닙니다. 이 연습의 핵심은 불안에 적극적으로 저항하면서 불안을 키우는 대신 침착하게 그 모든 것들을 바라보자는 데 있습니다.

조각조각 떼어내기

- 편안한 자세로 앉은 뒤 부드럽게 눈을 감으세요. 천천히 숨을 들이마시고 내쉬세요.

- 이제 잠시 불안 괴물을 불러내보세요. 불안 괴물은 여러 개의 조각들로 만들어졌다는 걸 살펴보세요. 거기엔 생각들, 이미지들, 신체적 감각들, 싸우고 저항하려는 충동들 따위가 있습니다. 이제 그걸 조각조각 떼어내봅시다.

- 한 번에 하나씩 각 조각에 집중해보세요. 각 조각은 당신이 경험한 무언가의 이면일 수 있습니다. 불안 괴물을 이루는 각각의 조각이 그 자리에 그대로 있도록 내버려둘 수 있는지 알아보세요. 각 조

각들을 향해 마음을 열고, 최대한 그것들을 당신 경험의 일부로 맞이해보세요. 불안 괴물의 조각들 중 정말로 당신의 적이 있나요?

- 연습을 끝낼 준비가 되었다면 스스로에게 부드럽게 물어보세요. "나는 내 생각과 감정들, 그리고 내 마음과 몸이 저지르는 일들을 부드럽게 맞이하고 나 자신의 일부로 기꺼이 받아들일 준비가 되었는가? 지금 당장 그걸 받아들이고, 나중에도 몇 번이고 다른 것들을 또 받아들일 만큼 인생과 가치관이 소중한가?"

- 준비가 되었다면 주변의 소리로 조금씩 의식을 넓혀보세요. 있는 그대로 존재하겠다는 이 의식을 지금 이 순간과 오늘 하루 명심해보겠다는 다짐을 하면서 천천히 눈을 뜨세요.

이 연습은 불안이 수많은 작은 조각들로 만들어져 있다는 점을 알려줍니다. 그 조각들을 하나하나 들여다본다면 불안의 기세를 한풀 꺾을 수 있습니다. 불안 괴물은 생각들(즉, 이미지와 기억과 단어들), 신체적 감각, 행동하거나 대응해야 한다는 충동들 따위로 만들어져 있습니다. 그 뒤섞인 온갖 것들이 정말 당신의 적일까요? 아마 불안은 진짜 괴물도 아닐 겁니다.

24

진짜 나는 누구인가?

"당신은 누구인가요?" 이렇게 묻는다면 아마 많은 이들이 당황할 겁니다. 대부분 "제 이름은요……"라며 자기소개를 시작하겠죠. 주로 어떤 역할을 하며 살아가고 있는지 대답할 겁니다. 엄마일 수도 있고, 선생님일 수도 있고, 인부일 수도, 변호사일 수도, 안내데스크 직원일 수도, 예술가일 수도 있죠. 그러나 그게 진짜 당신이 누구인지에 대한 대답인가요? 우리의 육신이 하는 일, 우리의 역할이요? 여덟 살 때에도 스스로를 '초등학생'이라고 소개했나요? 그때의 당신과 여전히 같은 사람이지 않나요?

내가 누구인지를 스스로에게 끊임없이 물어보다 보면 당신의 마음은 자기 자신에 대해서 설명하기 시작할 겁니다. 예를 들면 "나는 불안한 여자야", "나는 친절한 사람이야", "나는 수학을 잘 하는 사람이야" 등등이 떠오를 겁니다. 가끔은 한 줄로 끝나지 않고, 지금의 당신이 되기까지 있었던 기나긴 이야기들을 들려줄 수도 있습니다.

그 이야기 또한 그저 이야기에 지나지 않는다는 점을 명심하기만 한다면 이야기를 늘어놓는 건 아무런 문제가 되지 않습니다. 얼마나 설득력 있게 들리든, 그건 그냥 당신의 마음이 만들어내는 또 다른 이야기일 뿐입니다. 당신이라는 사람과 당신의 과거, 그리고 미래에 관한 말일 뿐이죠. 거기에는 종종 당신이 살아오면서 겪었던 어두운 사건들에 대한 이야기도 있을 겁니다. 당신의 과거가 중요하지 않다는 말이 아닙니다. 오히려 우리는 마음이 만들어내는 이야기들을 정직하게 들여다보고, 지금 이 이야기가 나한테 정말 도움이 되는지를 따져보아야 합니다.

마음이 들려주는 이야기를 곧이곧대로 믿고 그걸 따라 행동해버린다면, 그 이야기는 단순한 마음의 함정에서 당신을 완전히 파괴해버릴 인생 함정으로 바뀔 겁니다. 그 함정은 말 그대로 당신을 옴짝달싹 못하게 옥죄겠죠. 아침에 눈을 뜨자마자 "나는 불안한 사람이야"라며 왜 그런 사람이 되었는지 이유를 줄줄이 생각해냈던 적이 있나요? 일어난 다음에도 계속 불안한 기분이 들어서 결국에는 밖에 나가지도 않고 집 안에 틀어박힌 적이 있나요? 만약 그랬다면 이제는 잠시 멈추어 돌이켜봅시다. 당신의 마음이 들려주는 이야기들은 당신의 삶을 넓혀주나요 아니면 제한하나요? 원하는 방향으로 삶을 이끌어나가는 데에는 도움이 되나요?

이쯤 되면 궁금해졌을 겁니다. "그래, 내 육신이 하는 일과 나라는 사람이 동일하지 않다면, 나의 생각과 느낌과 행동이 나라는 사람과 동일한 게 아니라면, 도대체 나는 누구일까?"

나는 누구인가?

다음 문장들을 살펴보세요. 처음 네 개 문장을 읽었을 때 마음속에서 어떤 일이 일어나는지 살펴보세요. 남은 네 개의 빈칸에는 마음이 당신에게 자꾸만 들이미는 싫은 소리들을 적어보세요.

- 나는 불안한 사람이다.
- 나는 낯을 심하게 가린다.
- 나는 너무 부족하다.
- 나는 절대 해내지 못할 것이다.
- 나는 (   )
- 나는 (   )
- 나는 (   )
- 나는 (   )

이 문장들을 보는 순간 마음이 곧바로 무어라 대답하지 않던가요? 아마 당신의 마음은 이 문장들에 동의하거나 반대했을 겁니다. 표현을 약간 바꾸거나 단서를 달았을 수도 있고, 표현의 강도를 높이거나 낮추기도 했겠죠. 이처럼 마음은 '나는' 뒤에 생각이나 구체적인 이야기를 이어 붙여야 한다고 알고 있습니다. 당신이 스스로에게 "나는 누구인가?", "나는 왜 하고 싶은 일을 하지 못하는 걸까?" 따위를 물어볼 때 자연스레 나서서 대답하는 게 마음이 하는 일입니다. 이 점을 반드시 이해해야 합니다. 마음이 내놓는 대답들이 곧 당신인 건 아닙니다. 그것들도 그냥 생각이고 의견일 뿐이죠.

"진짜 나는 누구일까?"라는 질문에 그저 간단하게 "나는"이라고 대답해보세요. 마음이 당신에게 들이미는 쓸모없는 대답들을 한결 수월하게 잘라내버릴 수 있을 겁니다. 스스로를 가두는 생각들을 쉽고 간단하게 떠나보낼 수 있는 방법이기도 하죠. 더 이상 따지거나 설명하거나 정당화할 필요가 없습니다. 그저 '나는!'이라고 말해보세요.

25

드넓은 자아

당신과 당신이 맞서 싸워온 것들 사이에는 분명한 차이점이 있습니다. 당신은 그것들이 당신의 마음과 몸과 세상에 드나드는 걸 지켜보고 관찰하는 존재입니다. 반면 당신의 생각과 느낌과 경험은 당신이 아닙니다. 당신은 생각과 느낌과 경험을 가지는 존재이지, 그게 당신 그 자체는 아닙니다. 불안도 마찬가지입니다. 당신에게는 불안이 있을 수 있지만, 당신의 불안이 곧 당신인 건 아닙니다.

생각이나 감정이 당신 그 자체였다면 그걸 관찰할 수 있는 방법은 없었을 겁니다. 그러나 스스로의 생각과 감정과 신체적 감각은 주변의 사물이나 사건들과 마찬가지로 관찰할 수 있습니다. 생각이나 감정은 하늘 위 구름처럼 저절로 왔다 가서, 쫓아낼 수도 붙잡을 수도 없습니다. 그러나 거기에 매몰되지 않고서도 관찰해볼 수는 있습니다.

우리는 늘 주변의 많은 것들을 보고 듣고 냄새 맡고 맛보고 만지지만, 오감으로 느껴지는 모든 것들이 곧 우리인 건 아닙니다. 우리는 그저 그것들을 관찰하는 존재이죠. 그러나 생각과 감정들을 이 같은 관점으로 바라보기는 익숙지 않을 겁니다. 그래서 우리는 자신의 생각과 감정이 진짜 자기 자신이라고 믿어버립니다. 괴로워지기 딱 좋은 구조이지요.

우리의 동료 러스 해리스가 고안한 날씨 비유를 통해서 '관찰자 자아'가 무엇인지 한번 알아봅시다.

푸르고 너른 하늘

당신의 관찰자 자아는 하늘과 같고, 당신의 생각과 감정은 날씨와 같습니다. 날씨는 계속 바뀌지만, 날씨가 극도로 나빠진대도 하늘을 망가뜨리지는 못합니다. 최악의 천둥번개도, 역대급 태풍이나 눈보라도 하늘을 망가뜨릴 수는 없습니다. 그리고 날씨가 아무리 나빠진대봤자 하늘에게는 그걸 담을 충분한 품이 있습니다. 계속 버티며 지켜본다면 조만간 날씨가 맑게 개는 걸 볼 수 있을 겁니다. 때로는 먹구름이 잔뜩 끼는 탓에 그 뒤에 하늘이 있다는 사실도 잊어버릴 때가 올 겁니다. 그러나 높이높이 올라가다 보면 언젠가는 제아무리 두꺼운 먹구름이라도 뚫고 올라가 맑은 하늘과 만날 수 있죠. 푸르고 너른 하늘은 경계도, 시작도, 끝도 없이 사방으로 뻗어나갈 뿐입니다.

당신의 진정한 자아는 하늘이지 그 날씨가 아닙니다. 자아는 하늘처럼 사방으로 뻗어나갈 수 있습니다. 자기 자신이 스스로의 내면에 위치한 광활하고 안전한 공간과도 같다는 걸 감각으로 느껴보세요. 명상이 가장 효과적이고 쉬운 방법이겠지만, 스스로를 의식적으로 다른 시각에서 바라보면서 자아감을 연마하는 방법도 있습니다.

난처한 생각이나 감정이 머릿속에서 굳어지거나 거기에 붙잡히는 기분이 들기 시작할 때마다 당신이 하늘과 같다는 점을 의식적으로 되새겨보세요. 그러고는 마치 살까말까 고민 중인 자동차를 제대로 보기 위해 한 발자국 물러나듯 그 생각과 감정으로부터 한 발자국 물러난 뒤, '관찰자 자아'라는 피난처에서 그 생각과 감정을 살펴보세요. 이 피난처에서라면 당신은 무슨 일이 일어나는지 모두 지켜보면서도 난처한 생각이나 감각들과 거리를 둘 수 있습니다. 당신과 그 생각들 사이에는 너무나도 광활한 공간이 있기 때문에 그 생각들도 더 이상은 당신을 건드리거나 해칠 수 없습니다. 그러므로 관찰자의 시각을 갖출 수 있다면 당신은 막대한 힘과 자유를 얻게 될 겁니다.

26

그대로 놔두세요

무언가를 더하거나 덜어내는 데 집착하다 보면 자연스레 괴로워지기 마련입니다. 불안할 때는 그러한 감정을 덜어내고 평화와 즐거움을 더하길 원할 겁니다. 인생이 지겨울 때는 신나는 일을 원하고, 행복하지 않을 때는 행복을 원하죠.

원한다는 건 무언가 부족하거나 없는 것을 구한다는 말입니다. 그러므로 스스로의 생각이나 느낌이 달라지기를 원한다는 건 곧 당신에게 무언가 부족하거나 없다는 걸 당신의 마음이 알려주는 셈입니다. 가슴 쓰라린 일이기도 하고, 괴로워지기 십상이기도 하죠.

관찰자 자아가 이 부분에서 당신을 크게 도와줄 겁니다. 관찰자로서의 당신은 일어나는 일들을 지켜보고, 스스로의 경험이 달라지길 원하는 대신 경험을 있는 그대로 놔둘 줄 알게 될 겁니다.

어느 편도 들지 않는 공정한 관찰자의 시각에서 스스로의 경험을 바라보는 일. 여기에 대하여 가상의 체스게임이 어떤 가르침을 줄 수 있는지 알아봅시다.

뛰어들기 vs 관전하기

자신이 체스의 일부라고 상상해보세요. 검은색 말은 불안과 두려움, 그리고 그걸 일으킬 수 있는 모든 것들을 의미합니다. 흰색 말은 불안과 두려움에 맞서기 위하여 사용하는 모든 대응책과 대처 전략들을 의미합니다.

검은색 말이 당장이라도 게임을 끝내버릴 듯 공격해올 때, 당신은 흰색 말에 올라타고선 대처 전략들로 무장한 채 전장에 뛰어듭니다. 검은색 말들을 무찌르기 위해 심호흡을 하고, 기분전환을 시도하고, 긍정적으로 생각해보고, 다음으로 미루고, 상황에서 도망치고, 포기하는 등 계속 이런저런 짓들을 하게 될 겁니다.

그러나 이 체스는 평범한 체스가 아닙니다. 보통은 두 명의 플레이어가 서로를 상대하지만, 이 경우에는 그렇지 않습니다. 사실은 두 편

모두 당신 자신이니까요! 각 플레이어가 상대방을 이기기 위해 하는 생각과 행동은 전부 스스로의 생각과 감정과 행동입니다. 모두 자기 거죠.

말하자면 조작된 승부인 겁니다. 양측은 이미 서로의 다음 수를 알고 있습니다. 게다가 어느 편이 이기든 언제나 당신의 일부는 패자가 되고 맙니다. 스스로의 생각과 감정이 서로 싸우기 시작한다면 당신은 어떻게 해도 승자가 될 수 없습니다.

이제 잠시 한 발자국 물러나봅시다. 만약 당신이 체스 플레이어들 중 하나가 아니라면 어떨까요? 게임이 끝난 다음에도 승패를 떠안지 않을 수 있다면 얼마나 안심이 될지 상상이 가나요? 이 게임에 플레이어들 말고 다른 누가 있을까요?

만약 당신이 말이 아니라 체스판이라고 생각해봅시다. 판이 된 당신은 그 위에 체스 말들을 올려두는 것만으로 역할을 다합니다. 누가 이기고 누가 지는지는 상관하지도 않습니다. 체스판은 승부에서 어느 한쪽 편을 들거나 그 싸움에 뛰어들지도 않습니다. 그저 게임 공간을 제공해주고 게임이 진행될 수 있게 놔둘 뿐이죠.

체스판으로서의 당신은 스스로의 경험에 대하여 공정한 관찰자가 될 수 있습니다.

스스로를 체스판으로 본다는 것이 처음에는 어색하게 느껴질 수도 있습니다. 그러나 계속 연습하다 보면 체스판의 관점에서 모든 것을 바라보기가 점점 더 쉬워지면서 큰 안정을 얻을 겁니다. 그건 스스로에 대한 더 깊은 이해와 경험에서 우러나오는 안정이죠.

체스판으로서의 당신은 스스로의 생각과 감정이 오가며 순간순간 달라지거나 탈바꿈하는 모습을 지켜볼 겁니다. 생각과 감정은 일정한 시간 동안만 당신의 일부가 되었다가, 시간이 지나면 떠나갑니다. 그러나 체스판, 즉 당신의 관찰자 자아는 주변으로 무엇이 오가는지와 관계없이 언제나 그곳에서 변치 않고 남아 있습니다. 이 체스판은 당신에게 무엇과 관련될지, 무엇을 보내줄지, 무엇에 시간과 에너지를 들일지 선택할 수 있는 공간을 내어줍니다. 체스판의 시각으로 세상을 바라본다면 두려움에서 자유로워질 수 있고 마음도 편안해질 겁니다!

27

이야기 잘라내기

마음은 이야기를 만들어내는 기계와 같습니다. 그 이야기들 중에는 유용하거나 즐거운 것도 있겠죠. 하지만 당신을 가두거나 발목을 붙잡거나 괴롭게 만드는 이야기도 있을 겁니다.

스스로를 가두는 과거의 생각이나 이야기에서 벗어나 앞으로 나아가려면 우선 자신의 생각이나 느낌이 곧 자기 자신이라는 관념을 버려야 합니다. 이 부분에서 당신의 관찰자 자아와 마음챙김, 자기자비가 도와줄 겁니다. 또한 24장에서 연습했던 대로 "나는" 뒤에 따라오는 이야기나 꼬리표를 무시할 각오도 해야 합니다.

그러니 "나는 불안하다"라고 선언하지 말고, 그저 그러한 생각이 찾아왔음을 알아주세요. 그리고 그 생각이 당신의 인생에 정말로 도움이 되는지를 자문해보세요. 도움이 되지 않는다면, 생각을 그만두고 다시 관찰자 자아와 "나는"에 의식을 집중하면 됩니다. 그게 전부입니다. 아마 "나는" 뒤로 여러 단어들이 따라붙으려 할 겁니다. 열심히 일하는 당신의 마음이 나머지 이야기를 만들어내고 있으니까요.

그러나 당신이라는 사람의 본질, 당신의 영원하고 진정한 자아감과 진정으로 마주하려면 그 단어들과 이야기들의 수면 아래로 뛰어들어야 합니다. 수면 아래에서는 당신과 늘 함께해온 관찰자 자아가 기다리고 있을 겁니다. 관찰자 자아는 당신을 수식하는 단어들이 생겨나기도 전부터 그 자리에 있었죠. 어제도 그 자리에 있었고 내일도 있을 겁니다. 관찰자 자아는 당신의 가장 견고하고 안전한 피난처입니다.

마음속 수면 아래에는 이처럼 공간이 있습니다. 마음속 깊숙이 위치한 이 고요함은 당신이 찾아오기만을 기다리고 있습니다. 명상을 통해 스스로의 안전하고 완전하며 순수한 일면을 경험할 수 있다는 사실은 수천 년의 지혜와 최근의 과학적 연구들을 통해 밝혀진 바 있습니다. 이 장에서는 아주 오래된 형태의 명상법을 소개하려고 합니다. 이 명상은 자신의 관찰자 자아와 만나는 한편 "나는" 뒤에 따라붙는 쓸모없는 이야기들을 잘라버릴 수 있도록 도와줄 겁니다.

"나는" 만트라 명상법은 "나는"이라는 짤막한 어구, 즉 만트라를 반복해서 읊조리는 명상법입니다. 명상법을 연습하다 보면 "나는" 뒤에 매번 따라붙던 온갖 이야기들을 말 그대로 잘라낼 수 있게 될 겁니다. “나는” 만트라를 읊조리는 동안, 당신의 마음은 부글거리는 수면을 쉬이 지나 내면 깊은 곳의 순수한 의식과 고요함 속에 자리를 잡을 겁니다. 이제 당신은 마음이 내놓는 끝없는 말들에서 벗어나 고요와 순수한 의식, 즉 진정한 자아를 경험할 수 있을 겁니다.

처음에는 그 경험이 찰나처럼 스쳐지나가고 말겠지만, 명상을 거듭하다 보면 단지 눈을 감고 만트라를 부드럽게 떠올리는 것만으로도 마음이 차분해질 겁니다. 이 간단한 명상법은 꾸준한 연습만 있다면 당신을 바꿔줄 강력한 습관이 될 겁니다.

시작하기에 앞서 아래의 지시사항을 두 번 이상 천천히 읽어보세요. 기본적인 규칙들과 지시를 명심하시길 바랍니다. 그다음 눈을 감고 명상을 시작하세요. 처음이라면 10분 정도 명상합니다. 원한다면 최대 20분까지 조금씩 시간을 늘려도 좋습니다.

‘나는’ 만트라 명상

- 편안한 자세로 앉아보세요. 바르게 앉아 무릎에 양손을 올려놓습니다. 양반다리를 해도 좋고 하지 않아도 좋습니다. 이제 부드럽게 눈을 감아보세요.

- 호흡을 가다듬으려고 애쓰지 말고 자연스럽게 숨을 들이쉬고 내

쉬세요.

- 20~30초간 기다렸다가, "나는" 만트라를 부드럽게 머릿속으로 읊조리기 시작하세요. 애쓸 필요 없습니다. 읊조리는 속도나 박자, 혹은 목소리에 전혀 신경 쓰지 말고 스스로에게 만트라를 조용히 읊어주세요.

- 어느 정도 시간이 지나면 생각이나 이미지, 혹은 신체적 감각이 찾아올 겁니다. 찾아온 생각이나 이미지, 감각을 밀어내려 애쓰지 마세요. 그저 그것들이 거기 머물게 놔두세요. 만트라에 관한 생각이 끊겼다는 점을 알아차렸다면, 조용하고 부드럽게 다시 만트라를 읊조려보세요. 조심스럽고 희미하게 "나는…… 나는……"이라고 읊조리는 겁니다. 만트라로 돌아올 때는 아주 부드럽고 희미하고 미묘하게 돌아와야 합니다.

- 만트라를 외우는 방식이 변할 수도 있습니다. 그래도 괜찮습니다. 읊조리는 속도가 빨라지거나 느려질 수도, 머릿속 목소리가 커지거나 부드러워질 수도, 명확해지거나 흐릿해질 수도 있습니다. 혹은 전혀 바뀌지 않을 수도 있죠. 구태여 만트라로 리듬을 만들거나, 호흡과 박자를 맞추어 읊으려 애쓰지 마세요. 어떤 일이 일어나도 그

대로를 받아들이세요. 예상하지도 저항하지도 말고 그 온전한 경험에 편안하게 다가가보세요.

- 10~20분 동안 계속해보세요.

- 이제 만트라 읊기를 그만하고 잠시 시간을 들여 명상의 고요함과 정적 속에서 편안하게 쉬어보세요. 2~3분간 더 눈을 감은 채로 앉아 있으세요. 이제 눈을 뜨고 일상적인 활동들을 하면 됩니다.

'나는' 만트라 명상법을 하루에 두 번씩 연습해보길 바랍니다. 규칙적인 매일 명상은 스스로를 치유하고 바꾸는 데 큰 도움을 줍니다. 우리 또한 그 효과를 경험했고, 다수의 과학적 연구들도 같은 결론을 뒷받침합니다. 당신의 발목을 잡고 괴롭게 만드는 생각 및 감정들, 그리고 당신의 진정한 자아 사이에 공간을 만드는 일을 이 명상법이 도와줄 겁니다. 명상을 처음 접한다면 시작하기에 앞서 연습법을 반드시 다시 한번 읽어주세요.

28

행동의 역할

행동이란 한 사람의 입과 손과 발로 할 수 있는 모든 일을 말합니다. 불안해질 때면 그 감정을 줄이거나 없애려는 행동, 혹은 감정으로부터 도망치려는 행동으로 대응하고 싶어질 겁니다. 아직 깨닫지 못했을 수도 있지만 당신에게는 자신의 행동을 통제하고 불안과 두려움에 대해 어떻게 대응할지 결정할 수 있는 힘이 있습니다. 이전의 자신과 다르게 행동하는 법은 지금까지의 함정에서 벗어날 수 있는 비책과 같습니다.

예를 들어, 쇼핑몰에 갔는데 갑자기 공황발작이 찾아왔다고 해봅시다. 공황발작이 오는 게 느껴지면 당신은 거기에 대응하려 행동할 겁니다. 늘 가지고 다니는 약을 꺼내 삼키고선 쇼핑몰에서 나가려고 하겠죠. 두 가지 모두 '행동'입니다.

그러나 조금 다르게 행동할 수도 있습니다. 자리를 떠나는 대신 쇼핑몰에 서서 이 책에서 배운 기술들을 사용해 스스로에게 중요한 일을 하는 데 집중해보는 겁니다. 만약 몸이 심하게 떨린다면 자리에 앉거나 벽에 기대서서 자신의 몸에 어떤 일이 일어나고 있는지를 관찰하고, 마음이 당신에게 뭐라고 하는지 살펴보고, 앞서 22장에서 배운 대로 폭풍을 견뎌내는 겁니다. 폭풍이 지나간다면 당신은 이제 자리를 털고 일어나 딸에게 약속했던 신발을 사주러 갈 수 있겠죠.

두 시나리오 모두에서 당신은 무언가를 '하고' 있습니다. 사실 이처럼 당신이 택한 행동들은 당신이 누구인지, 그리고 당신의 인생이 무엇과 관련되는지를 결정합니다. 이 기본적인 사실을 파악하는 데 다음의 연습이 도움을 줄 겁니다.

선택하는 힘

인생을 어느 산으로 이어지는 긴 도로를 따라 운전하는 것과 같다고 상상해보세요. 그 산을 당신의 '가치관 산'이라고 부릅시다. '가치관 산'은 당신이 인생에서 소중하게 여기는 모든 것, 그리고 한 인간으로서 당신이 관련되고 싶은 모든 것들을 의미합니다.

길을 따라 유유히 운전해가던 도중, 갑자기 불안이 튀어나와 길을 가로막습니다. 당신은 세차게 브레이크를 밟고선 충돌을 피하기 위해 오른쪽으로 핸들을 꺾습니다. 꺾고 보니 이제 당신은 감정적 '통제와 회피'라는 이름의 우회로에 들어서 있습니다. 이 우회로는 쭉 뻗은 모양이 아니라 로터리처럼 둥그렇게 회전하는 길입니다. 당신은 이 길을 따라 뱅글뱅글 돌면서 불안이 지나가기만을 기다립니다. 인생의 시계는 그사이에도 째깍째깍 돌아가고 있죠.

이것이 바로 불쾌한 생각이나 감정과 싸우려 할 때 벌어지는 일입니다. 원하는 삶과는 아주 먼 곳의 어느 한 자리에 갇혀서 뱅글뱅글 도는 거죠. 당신도 '통제와 회피' 우회로를 빙글빙글 돌면서 인생을 허비하고 싶지는 않을 겁니다. 그러나 그 길로 빠지기가 너무 쉽습니다. 많은 사람들이 그랬죠.

그러나 로터리 길 위에 남아 있을 필요는 없습니다. 불안에 대응하는 방법을 바꿀 수 있으니까요. 핸들을 돌리는 대신, 가치관 산으로 이어지는 큰길을 계속 달리면서 불안도 함께 데리고 가는 겁니다. 더 이상 반응하거나 싸우는 일 없이 그저 앞으로 나아가기를 택해보세요. 저번과 같은 우회로를 택하기에는 기다리고 있는 대가가 너무 크니까요.

무엇보다도 중요한 건 불안이 당신의 앞길을 가로막으려 할 때 계속해서 앞으로 나아가기를 택하는 일입니다. 그다음으로는 앞으로 나아가는 동안 당신에게 찾아오는 생각과 감정들을 받아들이려 마음먹는 게 중요하죠. 우회로에서 벗어나려면 이 두 가지를 반드시 명심해야 합니다.

당신의 선택과 행동이 쌓여 당신의 인생이 어떻게 될지를 결정합니다. 지금 이 순간부터 당신이 하는 모든 행동들도 거기에 한몫을 더하죠. 어떤 선택을 내리고 무엇을 하는지가 당신의 운명을 만듭니다. 열심히 하면 보상이 돌아올 겁니다!

29

숨은 열정 찾기

당신에게 중요한 일은 무엇인가요? 무엇이 중요한지 확실히 알고 있나요? 만약 아니라면 이제 그걸 찾아볼 시간입니다.

우리는 모두 지구상에서 한정된 시간만을 가지고 살아갑니다. 그러나 슬프게도 많은 사람들이 자기가 어디에 시간을 쓰고 있는지 제대로 살피거나 정말 스스로 관련되고 싶은 일을 하고 있는지 자문해보지도 않은 채 그저 자동조종장치에 몸을 맡기고선 하루하루를 살아갑니다. 대부분의 사람들은 이 같은 사실을 아예 잊고 살다가 손쓸 때를 놓치고 말죠. 당신에게도 그런 일이 일어나도록 놔두지 마세요.

죽음을 피할 수 없다는 건 누구나 아는 사실입니다. 언제 어떻게 죽을

지는 마음대로 선택할 수 있는 일이 아닙니다. 그러나 지금 이 순간부터 어떻게 살지는 원하는 대로 선택할 수 있죠.

죽음의 문턱까지 갔다가 살아난 사람들의 경험담에 의하면 다시 살게 되었을 때부터 무언가 굉장한 일이 일어난다고 합니다. 죽음과 마주하는 순간 정신이 들면서 지난날을 돌아보게 된다는 거죠. 우선순위가 바뀝니다. 한때 끔찍이도 중요하게 여겼던 습관이나 행동들이 너무나 사소해집니다. 대신 정말 중요한 일을 하는 데 시간과 에너지와 자원을 쏟고 싶어집니다. 훗날 세상을 떠난 뒤에도 이 일을 한 사람이라고 기억되고 싶은 일을 하게 되는 겁니다.

다음의 두 가지 유사한 연습들을 통해 무엇이 당신의 일생을 상징하기를 바라는지 생각해봅시다. 이 연습들은 조금 이상하고 무섭게 느껴질 수는 있어도 아주 유익하고 강력한 연습입니다. 시간을 들여 천천히 해보세요.

불안 관리의 묘비명

만약 당신이 오늘 아침 세상을 떠났다면, 당신의 묘비명에는 어떤 말이 적힐까요? 여기서 스스로의 묘비명을 적어봅시다. 만약 당신이 불안을 관리하기 위해 죽기 직전까지 해왔던 일들에 관하여 적는다면 어떤 글귀가 나올까요? 자신의 불안을 돌보며 살다간 당신은 어떤 사람으로 남을까요? 당신이 불안을 밀어내려 시도했던 모든 대처 전략과 관리법들을 떠올려보세요. 불안이 찾아올 때, 혹은 그 직전이나 직후에 했던 모든 말과 생각과 행동들을 돌이켜보세요. 원한다면 종이에 목록을 적어도 좋습니다.

불안해하거나 두려워하지 않으려 애쓰며 사는 당신의 인생이 결국 무엇으로 남을지 직시해보는 게 이번 연습의 목적입니다. 연습을 따라가기가 다소 어려울 겁니다. 심지어는 연습을 하다가 우울해졌다고 해도 이해합니다. 그러나 다음 연습을 해보면 기분이 나아질 겁니다.

이제 또 다른 묘비명을 써봅시다. 이번에는 당신이 읽고 싶은 묘비명입니다. 시간과 에너지를 모조리 잡아먹는 불안이나 두려움도 얼룩 하나 남기지 못한 묘비명을 적어보는 겁니다. 이 묘비명에는 당신이 무엇을 진정으로 소중하게 여기는지, 세상을 떠난 뒤 어떤 일을 한 사람으로 기억되고 싶은지가 담길 겁니다. 이것이 바로 '귀한 인생의 묘비명'입니다.

귀한 인생의 묘비명

걱정이나 불안, 두려움과 싸우는 일 없이 산다고 상상해보세요. 멋진 인생이지 않을까요? 그게 당신의 삶이라면 무엇을 하고 살았을까요? 어떤 일들에 관련된 사람이었을까요?

이제 당신이 자신의 무덤 앞에 서 있다고 상상해봅시다. 눈앞에 서 있는 묘비에는 아직 아무 말도 쓰여 있지 않습니다. 당신의 일생을 묘사하는 글이 아직 적히지 않은 거죠. 만약 그렇다면 당신은 어떤 묘비명을 적고 싶나요?

당신이 살고 싶은 인생을 곰곰이 생각해보고, 그 인생을 담은 짧은 글귀나 문장들을 떠올려보세요. 생각이 났다면(여러 개여도 좋습니다) 종이에 적어보세요. 희망사항에 안 되는 건 없습니다. 큰 꿈을 꿔보세요.

이 연습은 가상으로 끝나는 연습이 아닙니다. 당신이 무엇으로 기억될지, 무엇이 당신의 일생을 정의할지는 오롯이 당신에게 달려 있습니다. 지금 당신이 하는 일, 당신이 취하는 행동에 달려 있는 겁니다. 이것이 바로 당신의 묘비명에 쓰일 말을 결정하는 방법입니다.

두 가지 연습을 다 마쳤다면, '귀한 인생의 묘비명'과 '불안 관리의 묘비명'을 서로 비교해보세요. 어느 묘비명으로 사람들의 기억 속에 남고 싶나요? 당신이 되고 싶은 사람과는 어느 묘비명이 더 닮았나요? 불안을 제어하는 게 당신에게 중요한 일이라는 건 저희도 이해합니다. 그러나 정말 묘비에 '여기 마침내 불안에서 벗어난 (당신의 이름) 잠들다'라고 적히길 바라나요? 만일 이 글귀가 유쾌하게 느껴지지 않는다면 다행입니다. 당신과 아주 비슷한 수많은 사람들이 우리와 함께 이 연습을 했습니다. 그 중 저런 묘비명을 바란 사람은 아무도 없었죠.

왜 사람들은 다른 이들의 묘비명이나 추도연설에서 그 사람의 불안을 언급하지 않는 걸까요? 아마 스스로의 불안을 없애는 일은 (당신이 거기에 얼마나 애를 썼든) 그 모든 일이 지나가고 돌이켜보았을 때는 어떻게 되어도 상관없는 일이라 그럴 겁니다. 불안을 통제하기 위해 쓰는 매분 매초는 곧 스스로에게 정말로 중요한 일을 할 1분 1초를 앗아간다는 걸 명심하세요.

불안과의 싸움은 당신을 인생에서 몰아내고 있습니다. 정말로 되고 싶은 사람이 되기 위한 일을 하고 있지 않다면, 이제 스스로에게 중요한 일을 하며 원하는 삶을 살아볼 때입니다. 귀한 인생을 사는 편을 택하세요.

30

나의 북극성 찾기

지난 수천 년 동안 항해사들은 북극성을 지표 삼아 여행했으며, 그들은 밤하늘에서 북극성을 빠르게 찾아내고 올바르게 이용하는 방법을 배우고 익혔습니다. 오늘날까지도 북극성에 의존하여 여행하는 사람들을 간혹 찾아볼 수 있습니다.

여기에서는 하늘을 올려다보며 지표를 찾기보다는 지금 서 있는 이 자리에 집중해봅시다. 당신의 가치관을 지표로 삼는 겁니다. 마치 밤하늘이 북극성을 중심으로 돌아가는 것처럼 보이듯, 당신의 삶은 당신의 가치관을 구심점 삼아 돌아갈 겁니다. 가치관은 각각의 사람들에게 방향성과 의미, 그리고 목적을 부여해줍니다. 인생에 폭풍우가 몰아치는 것처럼 보일 때면 당신의 가치관이 북극성이 되어 앞길을 밝혀줄 겁니다. 그러나 자신의 인생에서 무엇이 중요한지를 모른다면 결국에는 잘못된 선택을 내려서 방향을 잃고 길을 헤맬 수 있으며 희망까지 잃을 수도 있습니다.

그러므로 살고 싶은 삶을 살아나가고, 되고 싶은 사람이 되어나가기 위해서는 스스로의 가치관을 알아야 합니다. 어떤 일이 진정으로 중요한지를 명확히 밝혀낸다면, 그다음에는 스스로의 가치관이 곧 인생에서 진정으로 중요한 일들로 이끌어줄 변치 않는 북극성이라 생각하고 의지할 수 있을 겁니다.

나의 북극성

- 하고 싶은 일을 하는 데 시간을 마음껏 쓸 수 있다고 상상해보세요. 이제 편안하게 앉아 눈을 감고 스스로에게 물어보세요. "만약 내가 ___________(불안이나 두려움, 혹은 당신을 괴롭히는 생각들을 여기 적으세요)에 굴하지 않는 사람이었다면, 나는 무엇을 하려 했을까?" ___________________(여기 대답을 적으세요.)

- 어떤 활동을 하려 했을지 떠올렸다면, 눈을 뜨고 그 활동을 한두 단어로 적어보세요.

- 이 활동은 당신에게 어떤 의미가 있나요? 자유로워지는 일인가요? 아니면 다른 사람들과 유대를 쌓는 일인가요? 가족, 창작이나 표현, 배움, 성장을 위한 일인가요? 가슴의 대답을 잘 들어보세요!

- 그 일의 본질을 한 단어로 적어보세요. 그것이 바로 당신의 북극성입니다.

이 연습을 원하는 만큼 반복해보세요. 다섯 번에서 열 번 정도 반복하는 게 좋습니다. 나중에 생각이 나면 그때도 다시 해보세요. 연습을 반복할 때마다 당신이 시간을 들이고 싶은 새로운 일들을 떠올려보고, 그 활동의 본질이자 당신의 가치관이라고 할 수 있는 단어 한두 가지를 찾아보세요. 연습을 수차례 반복하다 보면 당신만의 가치관 목록이 완성될 겁니다. 서두를 필요 없습니다. 오래도록 이 연습에 머물면서 당신의 가슴이 하는 이야기, 그리고 마음속 가장 깊은 열망과 바람에 귀 기울여보세요.

31

옳은 길 택하기

'가치'라는 말은 대개 두 가지 의미로 사용됩니다. 우선은 자기 자신에게 중요한 '무언가'를 의미합니다. 그리고 두 번째로는 살아가면서 그 '무언가'를 실천하기 위해 당신이 하는 일들을 의미합니다. 이 중에서도 두 번째 의미가 특히 중요합니다. 가치는 행동을 통해, 즉 당신이 스스로의 입과 손과 발로 하는 일들을 통해 실천되니까요.

예를 들어, 당신은 좋은 부모가 되어야 한다는 신념을 가지고 있다고 해봅시다. 그러나 아무런 행동이 따르지 않는다면 그 신념은 그저 머릿속에서 소용돌이치는 생각 무더기에 지나지 않습니다. 가치에 생명을 불어넣고 싶다면 부모로서 어떤 행동을 하고 있는지를 되살펴보아야만 합니다. 말하자면, 스스로에게 이런 질문을 물어야 합니다. "나는 부모로서 무엇과 관련되고 싶은가? 그건 어떤 일처럼 보이는가?" 마찬가지로, 다른 사람들을 돕고 살아야 한다고 생각한다면 다른 사람들에게 도움이 되는 방식으로 행동해야 합니다. 스스로의 가치를 실천하지 않는다면 그 가치는 그저 속 빈 강정이 됩니다. 행동 없는 신념이나 윤리는 빈 수레일 뿐이니까요. 좋아 보일 수는 있지만 아무런 의미도 없을 뿐입니다.

자신의 가치가 무엇인지를 알아보려면 먼저 자신이 인생의 어느 영역을 중요하게 여기는지, 또 한 사람으로서 스스로 어떠한 일들에 관련되고 싶은지를 시간을 두고 찬찬히 생각해보아야 합니다. 이것이 바로 당신의 인생을 의미 있게 만들어주는 실천의 자질, 당신이 소중히 여기고 키우며 지켜낼 실천의 자질입니다.

중요한 가치를 향해 직진하기

이전 장에서 찾아냈던 북극성을 돌이켜보세요. 다음의 질문들에 모두 그렇다고 대답할 수 있다면, 당신은 자신의 중요한 가치를 향해 곧장 나아갈 때를 알게 될 겁니다.

- 나는 (나의 북극성)을 소중히 여기는가?

- 나는 나 스스로를 위해 (나의 북극성)을 소중히 여기는가? 아무도 몰라준다 하더라도 (나의 북극성)을 소중히 여길 것인가? 혹시 해야만 해서, 다른 사람이 시켜서, 혹은 다른 사람에게 인정받기 위해서 이 일을 하고 있지는 않은가?

- 나는 (나의 북극성)을 위해 자기 자신을 제어하고 스스로 행동할 수 있는가? (다른 사람들의 말이나 행동은 당신이 제어할 수 없다는 사실을 명심하세요.)

- (나의 북극성)을 소중히 여기는 일이 나에게 기쁨과 만족, 살아있다는 느낌과 행복을 가져다줄 가능성이 있는가? (가치 추구는 힘들다 하더라도 보람 있는 일이어야 합니다.)

- (나의 북극성)을 소중히 여기는 일은 일회성으로 처리해버릴 수는 없는 일인가? (가치는 한 번 도달하면 끝나고 마는 목적지라기보다 그곳으로 향해 가는 여정 그 자체라고 할 수 있습니다.)

- 원하는 것을 늘 얻을 수는 없다는 걸 알지만 그럼에도 나의 가치를 실천할 수 있도록 행동할 마음가짐이 되어 있는가?

산다는 건 에너지이고, 그 에너지는 우리에게 주어진 선물입니다. 우리는 그 에너지를 소중한 일에 집중시키기는 쪽을 택할 수 있습니다. 그렇지 않다면 결국에는 스스로를 인생에서 몰아내는 일들에 그 에너지를 낭비하게 될 수도 있습니다. 여기서부터는 당신의 가치들이 길을 안내해줄 겁니다. 그러니 무엇이 자신에게 중요한지, 그리고 지금 이 순간부터 어떤 삶을 이끌어나가기를 바라는지를 시간을 들여 찬찬히 생각해보세요. 그렇게 하는 동안 다음의 질문을 곱씹어보세요. 나는 어떻게 내 시간과 에너지를 현명하게 쓸 수 있는가? 이건 당신이 충분히 할 수 있는 일입니다!

32

현명한 선택 내리기

「평온을 비는 기도」(20세기 미국 신학자 라인홀트 니버가 쓴 기도문. "주여, 우리가 바꿀 수 없는 것을 평온하게 받아들이는 은혜와 바꿔야 할 것을 바꿀 수 있는 용기, 그리고 이 둘을 분별하는 지혜를 우리에게 허락하소서")는 우리에게 바꿀 수 없는 것을 받아들이는 동시에 바꿀 수 있는 것은 바꾸되, 그 전제조건으로서 있는 그대로를 기꺼이 경험하겠다는 마음을 가져야 한다고 일러줍니다. 이 가르침에는 엄청난 지혜가 담겨 있습니다. 때문에 많은 사람들이 이 기도문을 좋아하죠. 그러나 이 기도문에는 커다란 괴로움의 씨앗이 숨어 있기도 합니다. 무엇을 바꿀 수 있고 무엇을 바꿀 수 없는지를 어떻게 알 수 있을까요?

이쯤 되면 당신도 자신의 불안을 마음대로 통제할 수 없다는 점쯤은 깨달았을 겁니다. 경험했던 바로도 그럴 겁니다. 불안은 원래 그런 것이니까요.

그러나 우리는 불안에 대해서 어떤 행동을 할지 선택할 수 있습니다. 불안 등 자신을 괴롭히는 내면의 경험에 대하여 마음을 열고 부드럽게 대해주는 쪽을 택할 수도 있습니다. 의지를 이용하는 쪽을 택할 수도 있는데, 왜냐하면 의지는 자신 스스로가 통제하고 바꿀 수 있기 때문입니다. 의지는 굳게 잠긴 수많은 문들을 열어줄 열쇠이며, 두려움에 지배당하지 않고 좀 더 용감하게 활력 있고 의미 있는 인생을 살 기회를 줄 열쇠입니다. 다음의 연습이 그 진리를 가르쳐줄 겁니다.

의지가 가능성을 만든다

눈앞에 두 개의 스위치가 있다고 상상해보세요. 각 스위치의 양 끝에는 마치 불을 켜고 끄는 스위치처럼 켜짐, 꺼짐 표시가 있습니다. 하나는 '불안 스위치', 다른 하나는 '의지 스위치'라고 불립니다. 아마 당신은 불안 스위치를 끄는 방법을 찾으려 이 책을 펴들었겠지만, 그게 헛된 희망이었다는 건 이미 밝혀졌습니다. 불안 스위치는 작동하지 않습니다. 이전에도 작동한 적 없고 아마 앞으로도 없을 겁니다. 우리를 믿을 필요도 없이, 그저 당신의 지난 경험들을 살펴보는 것만으로도 불안 스위치가 먹통이라는 걸 알 수 있을 겁니다. 잠깐이건 평생이건 불안 스위치를 꺼버릴 힘은 그 누구에게도 없습니다.

여기서 비밀 하나를 알려드리겠습니다. 사실 두 개의 스위치 중 '의지 스위치'가 더 중요한 스위치인데, 왜냐하면 우리의 인생에서 변화를 만들어낼 스위치가 바로 이 스위치이기 때문입니다. 의지 스위치는 불안 스위치와는 달리 실제로 작동하며, 당신 마음대로 조종할 수도 있습니다. 감정은 다소 제멋대로 오르락내리락할 겁니다. 하지만 감정의 날씨와는 상관없이, 우리는 언제나 의지 스위치를 켜는 쪽을 택할 수 있습니다.

의지에 관해서라면 우리는 무력한 피해자가 될 일이 없습니다. 의지 스위치는 바로 우리의 행동을 통해 조작할 수 있기 때문입니다. 바로 이 공간이 자신 스스로 무언가 할 수 있는 곳, 즉 대응할 수 있으므로response-able 책임질 수 있는responsible 곳입니다. 의지 스위치를 켜고 끄는 건 나 자신의 선택에 달려 있습니다.

의지 스위치를 켰을 때 불안에 어떤 일이 일어날지는 확신할 수 없습니다. 그러나 한 가지만은 확실합니다. 스위치를 켜기로 결심하기만 한다면 당신은 반드시 스위치를 켤 수 있습니다. 스위치를 켜본다면 이제 인생에 새로운 일들이 일어나기 시작할 수도 있고, 당신이 정말로 하고 싶은 일을 하기 시작할 수도 있고, 당신의 '귀한 인생의 묘비명'을 향해 나아가기 시작할 수도 있습니다.

의지 스위치를 이용해서 불안을 무시하자는 얘기가 아니라는 걸 명심해주세요. 그저 당신이 통제할 수 없는 일에서 통제할 수 있는 일로 관심을 돌려보자는 말입니다.

33

노력하지 않기로 해요

"노력할게요."

사람들이 의지를 갖겠다면서 가장 먼저 하는 말들 중 하나입니다. 그러나 이 말은 당신이 함정에서 빠져나오지 못하는 원인 중 하나입니다. 아마 당신은 다음번에 불안한 기분이 찾아올 때에도 '노력할 거라고' 다짐했을 수 있습니다. 이런 생각들을 했겠죠.

"기꺼이 하는 마음을 꼭 가져봐야지. 이전에 했던 대로 안 하려고 노력해야지."

그러나 막상 불안이 찾아왔을 때 마음먹은 대로 대처하지 못했다면 또 이런 생각들을 할 겁니다.

"난 정말 해야 될 일을 하려고 했어. 정말 노력했는데, 못하겠더라고. 내가 이겨내기에는 불안이 너무 강하더라. 그래서 그냥 집에 있었어."

의지가 곧 '행동하거나 하지 않거나'의 양자택일이라는 점을 다음의 간단한 연습을 통해 알아봅시다. 우리는 어떤 일을 하거나 하지 않습니다. 어떤 일을 하려고 노력한다는 건 없습니다. 의지를 가지려고 노력한다는 것도 없습니다.

노력으로 펜 들기

책상 앞에 앉은 뒤 펜 한 개를 앞에 올려두세요. 이제 펜을 집어 들어보려고 노력해보세요. 최선을 다해 노력해보세요. 어서 노력해보세요. 하지만 그냥 집어 드는 건 안 됩니다! 여기서 우리가 해보려는 건 그게 아닙니다. 펜을 집어 들려고 '노력해'보세요.

얼마간 노력하다 보면 이런 생각이 들 겁니다. "그래, 못하겠어. 그냥 펜을 집어 들든가 안 하든가, 둘 중 하나야." 당신이 맞습니다. 펜을 집어 들려고 노력하는 동시에 그걸 집어 드는 방법은 없습니다.

펜을 잡으려고 노력하는 동안 당신의 손은 아마도 펜 위를 맴돌며 어쩔 줄 몰라 쩔쩔맸을 겁니다. 바로 이것이 '노력하기'가 만드는 모습입니다. 노력만 하다 보면 당신은 결국 인생의 일들 위를 맴돌면서도 정작 하고 싶은 일들을 하지는 못하게 됩니다. 살을 빼려고 노력할 때, 운동을 해보려고 노력할 때, 더 나은 직장을 구하려 노력할 때, 더 괜찮은 연인이 되고자 노력할 때, 더 호응하는 부모가 되고자 노력할 때, 더 체계적인 사람이 되고자 노력할 때, 사람들의 말에 귀 기울이려 노력할 때, 혹은 덜 불안하려 노력할 때도 마찬가지입니다. 노력은 그저 당신을 이리저리 맴돌게 만들면서 당신을 마비시키고 가둬버립니다.

'노력하기'란 사실 '하지 않기'의 일종입니다. 그러니 우선 당신은 무언가 기꺼이 할 마음을 먹을지 말지를 선택해야 합니다. "해보고 싶기도 하고" 따위보다 더 기꺼이 하고 싶은 마음이 드는 일이라면 어서 가서 하세요. 반대로, 기꺼이 하고 싶은 마음이 별로 들지 않는 일이라면 하지 마세요. 명심하세요. 의지에는 늘리고 줄이는 다이얼이 있는 게 아니라 켜고 끄는 스위치가 있습니다.

스스로의 의지 스위치를 켜고 끄는 데 대한 책임은 당신 자신에게 돌아갑니다. 이제 이 냉혹한 사실과 직면할 시간입니다. 자신의 행동은 자기 자신이 조종할 수 있으며, 불안이나 두려움 등 강력한 감정들의 수렁에 빠져 있을 때에도 마찬가지입니다. 좋은 소식이죠.

의지를 가지고 행동하기 위해서 꼭 넘치는 의지력을 느껴야만 하는 건 아닙니다. 의지는 감정이 아니니까요. 의지를 가지라는 말은 기분을 바꾸라는 말이 아닙니다. 여전히 불안을 불쾌하게 여기고 싫어해도 괜찮습니다. 그저 기꺼이 하려는 마음을 가지고 스스로 선택을 내리길 바랍니다. 그 선택은 불안이 찾아왔을 때 당신과 함께해줄 테고, 당신이 소중히 여기는 일을 할 때에도 당신과 함께할 겁니다.

34

친절 연습하기

많은 사람들이 곤란한 감정 또는 생각 때문에 문제를 겪지만 그것들을 다루는 기술을 제대로 알지 못합니다. 그저 맞서 싸우는 게 최선의 방법이라고 생각하죠. 이는 자연스러운 성향이긴 하지만 괴로움의 원천으로서 불필요하기도 합니다.

당신을 괴롭히는 에너지들을 대하는 훨씬 더 효과적이고 좋은 방법은 바로 자애심을 가지고 대해주는 것입니다. 자기 자신의 마음과 몸을 친절하고 부드럽고 침착하게, 그리고 감히 덧붙이자면 사랑으로 대해주는 겁니다. 그렇게 해준다면 감정적 고통과 괴로움이 더 커지거나 인생을 좀먹을 일도 없어질 겁니다.

친절은 간단한 일처럼 보이지만 대부분의 사람들이 어려워하는 일입니다. 그러나 포기하지 마세요. 당신은 스스로에게 친절해지는 법을 배울 수 있습니다. 마치 근육을 단련하기 위해 운동하듯, 친절 근육을 기르려면 규칙적인 연습과 사용이 필요합니다. 친절 근육은 시간이 지날수록 더 강해질 겁니다. 걸어 다닐 일만 있어도 친절 근육을 단련할 수 있으니까요.

다음의 연습은 13장에서 했던 마음 챙겨 걷기 연습과 비슷하지만 한 가지 아주 중요한 차이가 있습니다. 걸을 때 마음과 가슴속에 자애심을 품고 걸어보는 겁니다.

자애심 품고 걷기

이번 연습에서는 실내에서든 야외에서든 일반적인 속도로 걷기만 하면 됩니다. 스스로를 사랑하고 친절하게 대하려는 다짐과 자애로운 소망을 담은 짧은 구절을 속으로 되뇌면서 걸어보세요. 구절은 간단한 게 좋습니다. "마음이 편안해지기를", "스스로에게 친절해지기를", "기쁨을 누리기를", "불필요한 괴로움에서 벗어나기를" 정도가 좋습니다. 가슴이 하는 말을 들어보세요.

다음으로 넘어가기 전에 당신이 떠올린 구절을 아래에 적어보세요.

(   )하기를.

걸어 다니면서 당신만의 자애심 만트라를 머릿속으로 되뇌어보세요. 당신 외부의 무언가 혹은 누군가가 당신의 주의를 끈다면 그 대상이나 사람 혹은 생물이 무엇인지를 한번 쳐다보고 당신의 자애심 만트라를 그 대상에까지 확장시켜보세요. 예를 들어, 나무가 당신의 주의를 끈다면, 당신의 자애심 만트라를 그 나무에게까지 확장시켜서 "저 나무의 마음이 편안해지기를"이라고 머릿속으로 되뇌는 겁니다. 지나가는 낯선 이가 주의를 끌 때에도 똑같이 해보세요. 기억이나 생각, 감정이 떠오를 때에도 똑같이 해보세요. 동물이나 자동차, 혹은 다른 물체라도 똑같이 해보세요. 다소 이상하고 낯설게 느껴진대도 괜찮습니다. 당신의 주의를 잡아끄는 모든 것들에 대하여 당신의 구절을 계속 확장시켜보세요.

당신의 주의를 잡아끄는 모든 것들에 대하여 당신의 자애심 만트라를 조용히 확장시켰다면, 이제는 다시 자기 자신에게 의식을 집중한 다음 당신의 자애심 만트라를 머릿속으로 되뇌면서 계속 걸어보세요. 스스로에게 구절을 들려주고, 그다음 당신의 주의를 잡아끄는 모든 것들에 구절을 확장시키고, 그리고 다시 스스로에게 집중하는 이 모든 과정을 원하는 만큼 여러 번 반복해보세요.

이 연습은 일상생활에서 곤경과 마주칠 때 손쉽게 그 충격을 완화시키고 힘을 북돋워줄 겁니다. 길을 걸을 때마다 이 연습을 해보세요. 익숙해진 다음에는 자리에 앉아 있거나 줄을 서서 기다릴 때에도 해보세요. 열린 마음으로 연습하되, 무언가 특별한 효과를 보아야 한다는 집착은 놓아주세요. 반복해서 연습하다 보면 자애는 당신의 일상적인 습관으로 자리할 겁니다.

35

먹이를 주지 마세요

지금까지 우리가 배우고 연습한 것들은 모두 삶이 힘겨워질 때, 특히 불안한 기분이 들 때 살아내기 위해 한 것입니다. 이제 당신은 사뭇 다른 사람이 되었습니다. 새로운 시각으로 무장한 당신은 불안이 있든 없든 상관없이 원하는 삶을 만들어나갈 수 있게 되었습니다. 그러나 그렇다고 해서 예전과 같은 일이 다시 일어나지 않으리라는 법은 없습니다. 불안은 십중팔구 다시 찾아올 텐데, 그때 불안에게 먹이를 던져주지 않는 일이 중요합니다.

당신의 불안이 집에서 키우는 새끼 호랑이라고 생각해보세요. 이 아기 호랑이는 아주 귀엽지만 약간 무섭기도 해서 계속 만족시켜줘야 한다는 생각을 하게 만듭니다. 그래서 당신은 호랑이에게 고기를 잔뜩 먹여줍니다. 그렇게 먹여주고 또 먹여주면서 호랑이가 계속 만족해하기를 바랍니다. 그러나 마음속으로는 호랑이에게 물릴까 봐 겁도 나고, 최악의 경우에는 호랑이가 당신을 먹잇감으로 볼까 봐 무섭습니다.

당신이 먹이를 줄 때마다 호랑이는 얌전해지면서 잠시 당신을 가만히 내버려둡니다. 그러나 시간이 지날수록 호랑이는 점점 자라서 커지고 또 커지죠. 이제 호랑이는 딱히 귀엽지 않습니다. 울음소리도 커지고, 통제하기도 어렵고, 늘 배고파하죠. 솔직히 말하자면 아예 무시무시해져버렸습니다.

그러나 당신은 계속해서 호랑이에게 먹이를 줍니다. 여전히 호랑이는 먹이를 먹을 때마다 당신을 가만히 내버려두지만, 계속 크고 있습니다. 같은 장면이 도돌이표처럼 반복됩니다. 당신은 이제 호랑이가 영영 떠나버려서 당신을 가만히 내버려뒀으면 좋겠다고 생각합니다.

그러나 호랑이는 떠나주지 않습니다. 계속 더 커지고 무서워지고 점점 더 배고파하기만 합니다. 그러던 어느 날, 당신은 냉장고 문을 열었다가 안이 텅 빈 걸 발견합니다. 이제 호랑이에게 먹이로 던져줄 건 당신 말고는 아무것도 남지 않았습니다!

이 이야기의 교훈은 간단합니다. 불안 호랑이와 마주치더라도 먹이를 주지 마세요. 언제나 해왔던 일을 되풀이하지 마세요. 대신 지금까지 해온 일들과는 극단적으로 다른 일들을 해보는 겁니다! 그게 전부입니다.

그러나 간단하다는 게 곧 쉽다는 말은 아닙니다. 어쩌면 당신은 이런 생각을 할 수도 있습니다. "그래, 다 좋은 이야기고 맞는 소리인데, 어떻게 먹이를 안 준다는 거야?" 이제 불안 호랑이가 당신을 잡아먹지 못하도록 길들이는 걸 도와줄 조언 몇 가지를 살펴봅시다.

불안 호랑이 길들이기

- '어디에 신경 쓸지, 어떤 일을 할지 선택하세요.' 다른 모든 것들은 이 일을 중심으로 돌아갑니다. 당신은 불안 호랑이가 하는 말에 신경 쓰고 귀 기울이면서 호랑이가 시키는 대로 할 수도 있습니다. 또는 그 모든 말들을 곧이곧대로 믿는 대신 관찰자의 시점에서 지켜본 뒤 자신의 가치를 따라 당신의 입과 손과 행동으로 행동할 수 있습니다. 명심하세요, 불안은 당신의 일부이지만, 당신에게는 그보다 훨씬 많은 것들이 있습니다.

- '무슨 일이 일어나고 있는지 살펴보세요.' 불안은 그저 찾아옵니다. 불안이 선택지가 아니라는 점을 기억하세요. 그러나 불안에 어떻게 반응할지는 선택할 수 있습니다. 당신은 불안에 먹이를 줄 수도 있지만, 한편으로는 불안에 대해서 궁금해하거나, 열린 마음으로 받아들이거나, 그대로 둘 수도 있습니다. 마치 바다 위의 파도처럼,

불안 또한 지나갈 겁니다.

- '불안이 강요하는 일의 정반대로 행동해보세요.' 만약 불안 호랑이가 당신에게 그 자리에 손 놓고 가만히 앉아 있으라고 한다면, 당장 일어나보세요. 만약 쳐다보지 말고 뒤돌아서라고 하면, 궁금증을 가지고 몸을 기울여 들여다보세요. 가만히 있어야 할 것 같을 때 움직여보세요. 현실감각이 떨어지는 기분이 들거나 과거 혹은 미래에 대한 생각에서 헤어 나오지 못할 때에는 깊은 숨을 내뱉어 마음을 비워내고 다시 지금 당신이 있는 그 자리에 집중해보세요. 가슴이 떨리고 흥분될 때에는 속에서 요동치는 에너지를 데리고 그 자리에 가만히 앉아보세요. 이전에 배웠던 대로, 불안과 두려움의 명령에 정반대로 행동하다 보면 자기 삶에 대한 통제권을 되찾을 수 있을 겁니다.

- '자기 자신을 친절하고 부드럽게 대해주세요.' 무엇보다도 우선 스스로에게 부드러워지는 법을 연습하세요. 지금은 자기 자신의 불안과 또 다른 줄다리기를 벌일 때가 아닙니다. 어떻게 보자면 친절하고 부드럽게 대해준다는 건 전쟁을 벌이는 일과 정반대에 있는 행동입니다. 그러므로 친절은 아주 강력한 효과를 발휘할 수 있습니다. 단, 친절을 불안을 쫓아내는 수단으로 쓰려 해서는 안 됩니다.

그렇게 한다면 그저 새로운 무기를 쥔 채 다시 원점으로 돌아가서 또 다른 전쟁을 시작하는 일밖에 되지 않습니다. 이 책에 나와 있는 친절 연습은 당신이 스스로의 마음과 몸, 그리고 경험과 새로운 관계를 맺을 수 있도록 도와줄 겁니다.

지금까지 해왔던 방식을 버리고 새로운 접근법을 선택하기가 쉽지 않다는 건 우리도 이해합니다. 하지만 생각해보세요. 당신은 자기 인생의 주인이자 창조자입니다. 불안 호랑이도 당신이 먹이를 주고 힘을 키워주지 않는다면 혼자서는 아무런 일도 벌이지 못합니다. 바로 여기서부터 당신은 인생에 대한 지배권을 되찾고 진짜 변화를 만들어 갈 수 있습니다.

36

감정의 파도를 타고

바다 위에 떠 있는 새들은 파도가 넘실댄다고 해서 날아오르지 않습니다. 새들은 그냥 다가오는 파도의 경사를 따라 떠올라 꼭대기에 잠시 머물렀다가, 파도의 뒷면을 타고 길게 미끄러져 내려갑니다. 우리도 불안이 다가올 때 이 새들과 똑같이 할 수 있습니다.

모든 감정들은 제한시간이 있는 파도와 같습니다. 마치 파도가 밀려들다가 물러나듯, 감정들도 점점 더 커져서 결국에는 정점에 다다른 다음 서서히 물러납니다. 불안도 비슷한 방식으로 오고 갑니다. 감정들은 언제까지고 그 자리에 있을 것처럼 느껴지지만, 언젠가는 사라집니다.

강한 감정이 느껴진다는 건 곧 높고 거센 파도가 다가오는 것과 같습니다. 아마 그 파도가 언제까지고 몰아치면서 당신을 압도할 것처럼 느껴질 수도 있고, 그러다가 물에 빠져 죽을 것 같은 기분도 들 수 있습니다. 그러나 그건 당신의 오래된 불안이 하는 말입니다. 이제 그 말을 듣지 않기로 결심하고선 파도를 타보세요.

물 위에 떠 있는 새들처럼, 당신 또한 그저 가만히 머물면서 아무것도 하지 않을 수 있습니다. 불가능한 것처럼 들리겠지만 그래도 당신은 불안의 명령을 듣지 않고 반대로 행동하면서 남아 있을 수 있습니다. 당신으로서는 경험해본 적도 없는 일이라 아주 어렵게 느껴진다는 것을 우리도 이해합니다.

그러니 다음의 연습을 통해서 불안 파도와 마주하게 되었을 때, 그 도전적인 순간을 맞이할 준비를 해보세요. 마음과 상상을 이용한다면 당신은 불안의 파도를 타고 달리면서 어떤 일이 일어나는지 살펴보는 방법을 지금 이 자리에서 배울 수 있습니다.

파도를 타고 달리기

- 최근 불안했거나 공포에 질렸던 순간, 긴장되거나 걱정되거나 속상했던 상황을 떠올려보세요. 그 장면을 마음속에 구체적으로 떠올리고 그때 어떤 기분이 들었는지를 기억해보세요. 잠시 그대로 있어보세요.

- 속상했던 장면에 계속해서 집중하면서, 그것이 파도가 되어 해변에서 있는 당신에게 다가오고 있다고 상상해보세요. 파도는 당신이 감당하기에 너무 크고 무서워 보입니다. 지금 떠오른 걱정과 당혹스러운 생각들, 그리고 앞으로 닥칠 것만 같은 일들의 이미지 등을 살펴보세요. 그 속상했던 장면과 당신 자신, 그리고 자신의 내면에서 일어났던 일들에 대하여 스스로 어떤 평가를 내렸는지에 집중해보세요.

- 이제 당신의 몸은 무엇을 하고 있었는지 관찰해봅시다. 그 감각을 살펴보고 당신의 마음이 그 감각을 어떻게 평가했는지도 살펴보세요. 감각에 이름을 붙여봅시다. "나는 (   )를 느끼고 있어"라고요. 그 열기와 압박감을 느껴보세요. 당신의 몸과 마음이 각자 할 일을 하도록 내버려두세요.

- 걱정이나 생각, 이미지, '나는' 뒤의 이야기 따위가 떠오를 때에도 똑같이 해보세요. 그것들을 통제하거나 바꾸거나 밀어내려 애쓰지 말고 그저 그들의 존재를 인정해보세요. 그들에게 이름을 붙여주고, 당신의 마음과 몸을 계속 살펴보세요.

- 불안 파도를 타고서도 더 이상 올라갈 곳이 없어진 시점을 눈여겨

보세요. 정점을 찍은 파도는 이제 약해지고 물러나기 시작합니다. 파도가 잦아들고 약해지기 시작하는 게 느껴질 겁니다. 파도를 타고 천천히 미끄러져 내려오는 걸 경험해보세요. 당신이 파도의 어느 부분을 타고 있는지를 그대로 받아들이세요. 파도를 뚫으려 애쓰지 마세요. 파도는 파도만의 속도로 움직입니다. 그대로 놔두고 또 파도가 당신을 싣고 다니도록 내버려두세요. 결국에는 당신도 파도의 뒷면을 타고 내려오게 될 거고, 불안도 잠잠해질 겁니다.

불안을 통제하려거나 막으려 애쓰지 않는다면 그것 또한 그저 파도처럼 지나갈 것입니다. 그러나 파도와 마주하고 견뎌내기를 거부한다면, 파도는 마치 비치볼처럼 당신을 튕겨대며 가지고 놀 겁니다. 그렇게 되면 당신은 하릴없이 물속 소용돌이에 휘말리면서 거센 파도와 물살의 힘에 속수무책으로 당하게 될 겁니다.

그러나 그 파도와 함께 헤엄치거나 파도를 타려 한다면, 아니 최소한 파도를 거스르려 하지만 않는다면, 파도는 결국 당신을 안전한 해안가까지 데려다줄 겁니다. 불안 파도와의 싸움을 멈출 때에도 이와 같은 일이 일어날 겁니다.

37

시각, 관심, 방향 재조정하기

한바탕 떼를 쓰는 어린아이를 본 적이 있다면 그 짜증이 얼마나 사람을 불안하게 만드는지를 잘 알고 있을 겁니다. 아이의 극렬한 짜증을 듣고 있노라면 쉽사리 초점이 흐려지고, 주변 사람들이나 자기 자신과 잠시 연결이 끊어질 수 있으며, 심지어는 방향감각까지 흐려질 수도 있습니다. 불안 또한 똑같은 감정을 남길 수 있습니다. 불안이 찾아올 때면 우리는 어쩔 줄을 모르고 오로지 불안이 멈추기만을 바라게 되죠.

떼쓰는 아이에게 화를 내거나 가혹하게 반응하고 싶은 충동이 강하게 들 겁니다. 그러나 모두 알다시피, 이 같은 대응은 대개 상황을 악화시킵니다. 실제로 수많은 연구들에 따르면 화를 내는 전략은 아이의 올바른 행동을 독려하는 데 전혀 도움이 되지 않는다고 합니다. 부모는 결국 마음만 상하고 지치는데다가 낙담하게 됩니다. 아이 또한 부모를 두려워하는 상태로 자라나다가 결국에는 자기 자신과 타인에게 가혹한 사람이 될 수 있습니다.

한편 보다 자비롭지만 단호한 전략을 택하는 부모와 양육자도 있습니다. 시각을 재조정해서, 아이를 생경한 괴물이 아니라 부모 스스로의 일부로 바라보는 겁니다.

이러한 부모들은 부정적인 에너지를 표출하거나 아이의 행동을 혼내고 싶은 충동이 들 때에도 우선 충동을 무시한 뒤 그 상황에서 스스로 무엇과 관련되고 싶은지, 어디에 관심이 가는지를 재조정합니다. 대부분의 부모들은 아이가 안전한 상태에서 안심하기를 바라며, 친절과 사랑을 배우길 바랍니다. 그러므로 이 부모들은 아이에게 안도와 친절과 사랑 등을 보여주는 방식으로 대응하고자 최선을 다합니다.

그러나 그러한 부모들도 아이가 멋대로 굴게 놔두지는 않습니다. 그들은 행동의 방향을 재조정해서, 부모가 가고 싶은 방향과 아이에게 가장 좋은 방향으로 아이를 데리고 갑니다.

여러 연구에 의하면 시각과 관심과 방향을 재조정하는 방법은 아주 효과적인 육아 전략이자, 정신적으로 힘들 때 편안해질 수 있는 좋은 방법입니다. 불안이 떼쓰기 시작할 때에도 이와 똑같은 방법으로 대응할 수 있습니다. 다음의 연습이 이 방법을 가르쳐줄 겁니다.

불안 아이 데리고 여행하기

불안이 당신의 아이와 같다고 상상해보세요. 아이는 온갖 떼를 쓰고 성질을 부리고 있습니다. 원래대로라면 어떻게 대응했을지 상상해보세요. 당신의 육아 전략은 무엇인가요? 소리 지르고 혼내고 다그쳤나요? 효과가 있었나요? 아니면 계속되는 짜증에 낙담하고 지쳐서 결국 기분만 더 나빠졌나요? 당신의 불안 아이는 당신의 말을 잘 듣던가요, 아니면 계속 응석을 부리나요? 이제 시각과 관심과 방향을 재조정할 때 어떤 일이 일어나는지 살펴봅시다.

- '시각 재조정하기.' 가슴 깊은 곳까지 숨을 들이마신 뒤 천천히 내쉬세요. 이제 당신의 불안 아이를 바라보고, 이 아이가 당신의 일부이지만 당신 자신은 아님을 살펴보세요. 부정적인 에너지들을 무시하고 지나칠 수 있는지 살펴보세요. 불안 아이가 당신의 가르침과 보살핌을 기다리면서 당신만을 바라보고 있다는 점도 살펴보세요. 당신은 아이에게, 그리고 당신 자신에게 무엇이 최선인지를 이미 알고 있습니다.

- '관심 재조정하기.' 당신의 불안 아이는 아픈 곳이 있을 수도 있고

당신이 달래주기를 바랄 수도 있습니다. 이 상황에서 무엇과 관련되고 싶은지를 잘 생각해보세요. 불안 아이에게 다가가 전쟁을 선포하고 싶은가요? 혹은 부드럽고 연민 어리고 친절한 곳에서 당신의 불안과 다시 연결해볼 수 있나요? 다시 연결한다고 해서 불안 아이가 하는 모든 짓을 좋아해야만 하는 건 아닙니다. 그렇게 하지 않아도 불안 아이를 애정 어린 방식으로 대해줄 수 있습니다. 결국 스스로를 돕는다는 생각으로 불안 아이를 도와주세요.

- '방향 재조정하기.' 당신의 불안 아이는 아마 손이 많이 가는 아이일 겁니다. 아이는 당신이 이 자리에 꼼짝없이 남아 있거나 상황을 회피하기를 바랍니다. 그러나 선택권은 당신에게 있습니다. 당신의 인생이니까요. 그러니 애정 어리지만 단호한 태도로, 불안 아이를 데리고 다니며 정말로 당신에게 중요한 일들을 하기로 해보세요. 불안 아이가 싫다고 떼를 쓸 수도 있지만 이건 당신의 인생입니다. 당신은 스스로 무엇을 할지 또 어디를 갈지 선택할 힘이 있습니다. 당신의 불안 아이는 당신이 그 힘을 안겨주지만 않는다면 아무런 선택권도 가지지 못합니다.

아마 지금 이 순간이 당신에게는 시각과 관심과 방향을 재조정할 때일 겁니다. 어쨌든 당신의 불안 아이는 당신의 일부입니다. 당신은 단호한 태도를 취하면서도 친절과 사랑으로 대해줄 수 있습니다. 이것이 바로 불안 아이가 짜증을 부릴 때 다른 길로 새지 않도록 마음속에 다정한 둥지를 짓는 방법입니다. 다음번에 또 당신이 중요하게 여기는 일을 하러 갔을 때 불안 아이가 짜증을 부리려고 한다면, 아이에게 "나랑 함께 가자"라고 말해보세요.

38

장애물 데리고 나아가기

마음먹고 여행길에 오른다고 해도 그 길에는 장애물이 가득 쌓여 있을 수 있습니다. 어떤 장애물은 외부적인 문제일 겁니다. 돈도 없고, 가진 시간과 자원만으로 처리하기에는 인생에서 돌봐야 할 것이 너무 많고, 기회가 많지 않고, 신체적으로나 지리적으로 한계가 있고, 하물며 요란한 날씨까지 당신을 방해할 겁니다. 이 중 몇 가지 장애물은 여러 선택지를 궁리해보거나 좋은 친구에게 상담해서 새로운 시각과 아이디어를 얻는 방식으로 헤쳐 나갈 수 있습니다. 그러나 당신이 가장 자주 마주하는 장애물, 가장 까다로운 장애물은 짜증나고 성가신 불안 및 두려움에 관련된 생각, 감정, 신체적 감각 혹은 충동들일 겁니다. 과거에도 수차례 당신을 막아섰던 바로 그 장애물이죠.

장애물이 나타날 때면 당신의 마음은 그것을 없애버리고 극복해버리라고 말할 겁니다. 이 전략의 문제점은 자칫 장애물과 싸우려는 자연스러운 성향을 깨울 수 있다는 겁니다. 지금쯤이면 당신도 불안과 싸우는 게 별다른 효과가 없다는 점을 깨달았을 겁니다. 그러니 장애물이 나타날 때면 당신은 당신의 마음이 아니라 경험이 하는 이야기를 듣고 믿어야 합니다!

좋은 소식은 가치를 따라 살고자 한다고 해서 그 길 위에 놓인 불안 장애물을 모두 없앨 필요는 없다는 겁니다. 그것들을 옆으로 밀어낼 필요도 없습니다. 어쨌든 그렇게 할 수 있는 건강한 방법은 없습니다. 해답은 장애물과 함께 움직이는 겁니다. 장애물을 데리고 함께 달려보세요! 이것이 바로 용감하게 사는 길입니다.

당신이 다른 생각이나 감정을 대하는 방법과 똑같은 방법으로 불안 장애물을 대해보세요. 스스로에게 도움이 되는 일을 하지 못하도록 당신을 방해해왔던 그 모든 달갑지 않은 것들을 위해 방 하나를 만드는 겁니다. 그 모든 것들을 인정하고 관찰자 시점에서 살펴보세요. 무엇보다도 거기에 관여하려고 하지 말고 있는 그대로를 놔두어야 합니다. 그러고는 당신이 가고자 했던 방향으로 계속 움직이는 겁니다. 이 모든 일들을 동시에 하는 게 중요합니다. 다음의 연습이 이게 무슨 말인지를 알려줄 겁니다.

당신의 '인생 버스'는 누가 운전하나요?

"내 인생"이라는 이름의 버스를 운전한다고 상상해보세요. 당신은 지금 당신의 가치 산, 이름하야 ___________(당신에게 중요한 가치를 여기 적으세요)을 향해 북쪽으로 가고 있습니다.

가는 길 중간에 제멋대로 구는 손님들이 몇몇 탑승합니다. 그들은 마음이 만들어낸 무서운 생각들이나 이미지들입니다. 긴장이나 걱정, 공포 등의 감정들도 손님으로 탑승합니다. 이 승객들은 목소리도 크고 끈질긴데다가 무섭습니다. 그들은 당신이 선택한 길을 따라 달리는 걸 방해하고 괴롭히려 합니다. "거기로 가지 마! 그 길은 너무 위험해. 멍청한 짓을 자초하는 거야. 거기로 가면 넌 절대 행복해질 수 없어. 당장 멈춰!"

이에 당신은 승객들과 논쟁을 벌여 그들을 조용히 시키려는 전략을 택합니다. 그러나 거기에 정신이 팔린 나머지 표지판을 놓쳐서 잘못된 길에 들어섰다는 걸 깨닫습니다. 이제 당신은 웬 남쪽으로 향하고 있고, 원래 가려던 길과는 한 시간가량 멀리 떨어져버렸습니다. 정말이지 완전히 길을 잃어버린 겁니다. 그래서 당신은 버스를 멈춰 세우고 승객들을 통제하려 애쓰기 시작합니다. 이번에는 운전석에 앉아 뒤를 돌아보고 그들과 눈을 마주친 채로 말합니다.

"왜 나를 가만히 놔두지 않는 거야? 이젠 지긋지긋해. 잠깐만이라도 쉴 수 있는 시간을 줘."

여기 무슨 일이 일어났는지 살펴보세요. 당신은 버스를 멈춰 세웠고, 핸들을 손에서 놓았으며, 몸을 돌려 앉았고, 앞으로의 길이나 진짜 목적지에서 눈을 떼고선 등 뒤의 버스 내부를 바라보고 있습니다. 당신은 나아가고 있지 않습니다. 그 대신 당신의 가치와는 아무런 관련이 없는 것들에 주의를 기울이고 있죠.

여기서 당신은 또 다른 선택과 마주합니다. 하나는 계속해서 말다툼에 얽힌 채로 승객들을 조용히 시키는 전략이고, 다른 하나는 승객들이 떠들게 내버려두고선 다시 운전석으로 돌아가 시동을 걸고, 핸들을 잡고, 다시 가치 산으로 이어지는 길을 찾아 나서는 겁니다.

당신이 소중히 여기는 일들을 향해 나아간다는 게 스스로에게 중요한 일이라면, 당신은 늘 인생 버스의 운전석에 앉아 있어야 합니다. 불쾌한 승객들은 계속해서 당신과 함께 버스를 타고 갈 겁니다. 그들을 쫓아낼 수는 없습니다. 가치 산으로 이어지는 길을 따라 인생 버스를 운전해가는 동안, 불쾌한 승객들은 예나 지금이나 앞좌석까지 기어와서 소리를 칠겁니다.

"우리한테 집중해! 방향을 돌려! 돌아가! 저 우회로가 훨씬 안전하고, 쉽고, 기분도 더 좋을 테니까 저 길로 가!"

다시 한번, 당신은 선택을 내려야 합니다. 어떻게 하실 건가요? 버스를 멈춰 세우는 건 당신을 가치 산으로 데려다주지 않습니다. 우회로도 마찬가지죠. 원하던 곳으로 당신을 데려가줄 사람은 당신 자신뿐입니다. 그리고 모든 승객들은 어쩔 수 없이 당신과 함께 갈 겁니다. 생각과 감정들은 당신이 가고 싶은 곳으로 계속해서 나아간대도 막을 수 없습니다. 단, 당신이 그들에게 그럴 힘을 주지만 않는다면요.

인생 버스에 탄 승객들 전부가 위협적이고 어두운 것만은 아닙니다. 사실 잘 들어본다면 당신의 귀에 닿으려고 애쓰는 다른 손님들의 속삭임이 있을 겁니다. 이 속삭임이 바로 당신의 가치관이 하는 말들입니다. 지금까지 그들의 말은 소음 속에 파묻히고 무시당했지만, 당신이 계속 운전석에 앉아 귀를 기울여본다면 그들의 목소리도 들릴 겁니다. 그들은 당신을 계속해서 격려하고 칭찬하면서, 당신이 운전석에 앉아 소중한 일들을 향해 버스를 운전하는 게 스스로의 인생을 위하는 일이라고 말해줄 겁니다.

당신의 불안하고 두려운 승객들은 당신을 다른 길로 빠트릴 기회를 놓치지 않을 겁니다. 그들은 이 길이 너무 길고 어려운데다가 그만큼 고생할 가치는 없으니 당신 또한 이 길을 계속 가고 싶지는 않을 거라며 당신을 설득합니다. 하지만 당신은 여전히 스스로에게 소중한 일들을 향해 계속해서 나아가는 쪽을 택할 수 있습니다. 당신은 당신과 함께 갈 감정이나 생각, 두려움 따위를 고르고 통제할 수는 없습니다. 그러나 당신은 두 손으로 운전대를 잡고 두 발로 엑셀과 브레이크를 밟아가면서 인생 버스가 어디로 향하는지를 통제할 수 있습니다. 그 점을 잊지 마세요!

39

'하지만' 떼어내기

언젠가 당신은 이런 생각을 해본 적이 있을 겁니다. "외출하고 싶어. 하지만 공황발작이 올까 봐 무섭고, 난처한 짓을 할까 봐 겁나고, 불안해질까 봐 두려워." 그렇습니다! 방금 당신은 "그래, 하지만"이라는 덫에 걸렸습니다.

문장 첫 부분을 내뱉고선 그 뒤에 "하지만"을 덧붙인다는 건 그 앞의 말을 취소하고 무효로 만드는 것과 같습니다. "하지만"은 글자 그대로 취소를 의미합니다. 너무나 흔히 쓰이는 이 말은 불안을 곧 행동을 가로막는 장애물로, 행동하기에 앞서 해결해야 할 문제로 만들어버리는 말이기도 합니다. 어떻게 그렇게 되는지를 예시를 통해 살펴봅시다.

"외출하고 싶어. 하지만 공황발작이 일어날까 봐 두려워"라고 하는 순간, 당신은 외출하고 싶은 마음을 취소해버렸습니다. 당신이 집에 틀어박히게 된 건 "하지만"이 "외출하고 싶다"를 취소해버렸기 때문입니다.

"하지만"은 당신을 괴로운 싸움에 끌어들이기도 합니다. 외출하고 싶은 마음과, 공황발작이 올까 두려운 마음 중 한 가지는 버려야 합니다. 바로 이것이 "하지만"을 쓸 때마다 당신이 그 자리에 붙잡혀버리는 이유입니다. "하지만"은 외출이나 활동들을 거의 불가능하게 만듭니다.

주의를 더 기울여 스스로를 살펴본다면, 아마 당신은 당신의 가치를 위해 행동하지 않을 구실로 "하지만"을 일상 속에서 수없이 사용하고 있다는 걸 알게 될 겁니다. 이는 필연적으로 당신의 삶을 제한하고, 발목을 잡고, 선택지를 없애버릴 겁니다.

다음의 연습이 "맞아, 하지만" 함정을 찾아낼 수 있도록 도와줄 겁니다.

"맞아, 하지만" 함정

정말로 하고 싶은 일을 생각하다가도 그다음 순간 "하지만"을 덧붙였던 적이 있었는지를 잠시 시간을 들여 떠올려보세요. 예를 들어, "그 모임 가고 싶기는 해. 하지만 갔다가 괜히 불편할 수도 있고 멍청한 짓을 할 수도 있잖아"라고 생각했다고 해봅시다. "하지만 (자꾸만 마음속에 떠오르는 말들을 여기 넣어보세요)"이라고 덧붙이게 되는 상황들을 세 가지 이상 떠올려봅시다. 완성된 문장으로 적어보세요.

이제 각 문장에서 “하지만”을 지워버리고 그 자리에 “그리고”를 넣어봅시다. 그리고 문장을 다시 읽어보세요. 천천히 읽어보세요. “하지만” 대신 “그리고”를 넣어보니 좀 다른 느낌이 드나요? 그럴 겁니다. 이 작은 변화는 그다음에 어떤 일이 벌어질지를 크게 바꿔줄 수 있습니다. 당신은 모임에 가서, 스스로 무언가 멍청한 말을 하고 말 거라는 마음의 소리 때문에 불편해할 수 있습니다. “하지만” 대신 “그리고”를 쓴다면 활기 넘치고 불안하게 느껴지는 일들을 할 수 있게 됩니다. 더 많은 선택지와 자유를 당신에게 안겨주죠. “그리고”라는 단어는 바로 그 순간 당신에게 일어나고 있는 일들을 좀 더 정직하게 표현하는 말이기도 합니다.

오늘부터 시작해보세요. “하지만”이 당신의 발목을 잡으려는 것 같을 때마다 “하지만” 대신 “그리고”라고 말해보는 겁니다. 그렇게 할 때마다 눈앞에 열린 새로운 기회들에 의식을 집중해보세요. “하지만” 잘라내기는 당신이 지금까지 한 그 어떤 일들보다도 큰 힘을 당신에게 안겨줄 수 있습니다.

40

과거에서 벗어나기

누구나 과거에 얽매이곤 합니다. 양동이에 빗방울을 모아 담듯 고통스러운 순간들을 모으죠. 당신의 인생 양동이 안에는 아마 버리고 싶은 기억들은 물론, 소중히 간직하고 싶은 기쁨의 순간들도 담겨 있을 겁니다.

아마 당신의 양동이 안에는 싸움, 사고, 강간, 상실, 학대, 후회, 놓쳐버린 기회, 돌이키고 싶은 선택들 따위도 들어 있을 겁니다. 끔찍했던 어린 시절, 부모나 친구들 때문에 겪었던 분노와 설움 등도 있을 겁니다. 아름다웠던 과거의 경험들도 거기 있을 테고, 지금은 그런 아름다운 순간들이 더 이상 당신의 삶에 없다는 사실 때문에 공허하고 슬픈 기분이 들기도 할 겁니다. 그 모든 것들이 뒤섞여 거기 담겨 있습니다.

이 경험들은 당신에게 깊은 상처를 남겼을 수도 있고, 지금도 그럴 수 있습니다. 그걸 떠올리고 기억할 때마다 당신은 다시 상처를 받고, 분노와 상실감을 느끼고, 어마어마한 죄책감이나 수치심에 잠겨버릴 수 있습니다.

당신이 지금까지 살아온 좋고 나쁘고 끔찍했던 순간들을 기억할 수 있다는 건 절대로 나쁜 일이 아닙니다. 기억할 수 있는 능력이 없다면 당신은 배우지도 성장하지도 못했을 겁니다. 그리고 자신의 과거 중 일부를 기억하고 싶지 않다고 해도 괜찮습니다. 누구나 지워버리고 싶은 경험이 있기 마련입니다. 몇몇 사람들이 다른 사람들보다 더 심각할 수는 있지만, 어쨌든 누구나 그런 경험이 있습니다.

그러나 과거에 얽매인 채 그 속에 산다는 건 벗어나야 할 함정입니다. 다음의 연습이 그 이유를 알려줄 겁니다.

똥 양동이 휘젓기

당신의 모든 과거가 담긴 거대한 양동이 옆에 앉아 있다고 상상해보세요. 뚜껑을 열지 않으려고 애썼지만, 어째서인지 뚜껑이 열려버리고 말았습니다. 궁금해진 당신은 양동이 안을 들여다봤다가 그 안에 끔찍하게 냄새나는 똥이 가득 차 있는 걸 보았죠. 이에 당신은 삽을 들고선 냄새가 가시거나 어떻게든 녹아 없어지기를 바라면서 똥을 휘젓기 시작합니다.

어떤 면에서 보자면 과거에 얽매인다는 건 똥이 가득 든 양동이를 하염없이 휘젓고 있는 것과 비슷한 일입니다. 휘젓고 또 휘젓는 동안 당신의 마음은 이렇게 말할 겁니다.

"네가 살아온 지난날의 고통 때문에 넌 절대로 앞으로 나아갈 수 없어."

"넌 앞으로 나아갈 자격이 없어."

심지어는 이런 말도 할 겁니다.

"계속해서 휘젓다 보면 언젠가는 그 정체를 알게 될 거야. 그렇게 되면 이것도 없어지겠지."

그래서 당신은 계속해서 휘젓고, 과거로 돌아가고, 오랜 상처를 헤집고, 후회와 고통스러운 경험을 꺼내봅니다.

충분히 오래도록 휘젓다 보면 무언가 바뀔지도 모른다는 생각이 들 겁니다. 하지만 정말이지 똥을 아무리 휘저어봤자 그게 아이스크림으로 변하지는 않습니다.

여기 주목해야 할 점 하나가 더 있습니다. 기억을 다시 떠올리고, 다시 살아내고, 양동이를 휘젓는 일은 모두 지금 이 순간, 현재에서 일어나고 있습니다. 시간을 거스를 수 있는 타임머신은 존재하지 않습니다. 시간은 오직 한 방향으로만 흐르고, 당신 또한 앞으로 나아가야만 합니다.

여기서 당신에게 필요한 건 과거를 과거로 인식하는 일입니다. 삽을 손에서 놓고, 당신의 마음이 눈앞에 들이미는 쓸모없는 이야기들을 모두 치워버리세요. 그렇게 한다면 당신은 지금 당신이 있는 곳, 지금 이 순간, 지금 당신이 무엇을 원하는지, 그리고 지금 당신의 인생에서 어느 곳으로 향하고 싶은지에 집중할 수 있게 될 겁니다.

지금 이 순간부터 당신은 기억 또한 마음의 생각이라는 걸 간파할 줄 알게 될 겁니다. 그 경험을 부드러운 호기심과 친절로 받아들여주세요. 이것이 바로 과거에 얽매인 채 그 함정과 덫에 걸려 있는 마음으로부터 자유로워지는 방법입니다.

당신이 견뎌냈던 나쁜 일들과 힘겨운 일들을 용서하자거나 용납해버리자는 말이 아닙니다. 대신 그 경험으로부터 배울 점을 배우고, 경험에게 마음을 열어주고, 경험을 존중해주고, 그 경험들과 함께 지금 당신의 인생을 드높일 수 있는 방향으로 나아가는 쪽을 택해봅시다.

준비가 되었다면 이제 양동이 휘젓기를 그만두세요. 그렇게 자유로워진 두 손과 마음으로, 지금 이 순간부터는 당신이 시간을 쏟고 싶은 일을 하는 편을 택하세요.

41

그라운딩

고통스러운 기억이나 트라우마가 머릿속에 다시금 떠오를 때면 어느 순간 갑자기 현실에서 튕겨져 나올 때가 있을 겁니다. 이런 일이 일어날 때에는 무엇보다도 잠시 멈춰서 천천히 심호흡을 한 뒤 지금 무슨 일이 일어나고 있는지를 살펴보아야 합니다. 당신은 기억을 떠올리고 있고, 그것 또한 생각하기의 일종입니다. 당신은 지금 이 순간 현재라는 안식처에서 기억을 떠올리고 있습니다. 그 점을 살펴보세요.

처음에는 이것 또한 어려워 보일 겁니다. 만약 과거에 대한 생각들이 소용돌이처럼 밀려들어서 정신을 빼놓는 일이 종종 있다거나, 지금까지 견뎌온 트라우마가 당신을 현실에서 혹은 육신에서 튕겨내서 다른 어딘가로 날려 보내버릴 것만 같은 순간이 찾아오곤 한다면, 당신은 '그라운딩'을 놓치는 기분이 어떤 것인지 이미 알고 있는 겁니다. 그건 마치 발 딛고 서 있던 카펫을 갑자기 누군가 휙 잡아당기는 느낌이죠. 그 감각은 무섭기도 하고, 지금 이 순간 중요한 일에 집중하기 어렵게 만들기도 합니다.

이번 연습은 당신이 있는 바로 그곳에 발 딛고 설 수 있도록, 그리고 과거에서 비롯된 생각들이 당신을 옭아맬 때 다시 '그라운딩'할 수 있도록 도와줄 겁니다. 딱 5분 정도만 있으면 됩니다. 다음의 설명을 여러 번 읽고 직접 연습해보세요.

오감 이용하기

현실에서 튕겨져 나가는 기분이 들 때면 오감, 즉 미각, 후각, 촉각, 시각, 청각 중 하나를 사용해 다시 지금 이 순간에 '그라운딩'할 수 있습니다. 최선의 효과를 거두려면 어디든지 그라운딩 연습을 하는 바로 그곳에서 감각들을 강렬하고 완전하게 집중시켜야 합니다.

당신의 감각들을 최대한 집중시켜보세요.

- 미각. 레몬이나 블랙커피 등의 강렬한 맛을 느껴보세요.

- 후각. 향수나 신선한 허브, 비누, 반려동물 털 등의 진한 냄새를

맡아보세요.

- 촉각. 독특한 질감이나 모양, 무게 등의 물체를 만져보세요.

- 시각. 시야에 들어오는 물체들 중 밝고 극명하거나 흔치 않은 무언가를 쳐다보세요.

- 청각. 주변에서 들리는 소리들 중 두드러지는 소리에 귀 기울여보세요.

이런 식으로 감각을 집중시키다 보면 다시 현실로 돌아올 수 있습니다. 단, 지금 왜 이런 일을 하고 있는지를 기억하세요. 감각을 교묘하게 이용해서 고통스러운 기억으로부터 도망칠 수도 있겠지만, 그렇게 한다면 그저 기억에게 주도권을 넘겨주고 인생을 선로에서 이탈시킬 힘을 쥐어주는 것밖에 되지 않습니다. 그렇게 하는 대신, 당신이 바라는 인생에 감각을 집중시켜보세요. 지금 이 순간으로 돌아와서, 지금부터 당신의 인생과 가치를 위해 행동하는 겁니다.

그라운딩 전략을 연습하면서 어떤 감각을 이용하는 게 당신과 가장 잘 맞는지 살펴보세요. 그렇게 하는 동안, 당신이 지금 이 순간 이곳에 있고 깨어 있고 살아 있다는 점을 명심하세요.

어디에 있든 상관없이 자주 연습해보세요. 눈을 감아도 좋고 떠도 좋습니다. 지금 이 순간에 그라운딩하는 건 현재를 살 수 있도록 도와주고, 곤란한 기억들 때문에 현실에서 튕겨져 나가 과거로 휘말려 들어갈 때 다시 땅을 딛고 설 방법을 알려줄 겁니다. 그라운딩은 인생이라는 무대에 올라 지금 바로 그곳에서 당신의 가치를 위해 살아가는 데에도 도움을 줄 겁니다.

42

집착 놓아주기

고통은 건강한 삶의 자연스럽고 평범한 일부분입니다. 눈과 귀를 막고 고통을 외면한다는 건 삶을 외면하는 것이나 마찬가지입니다. 인생에 대하여 마음을 열고자 한다면 모든 형태의 고통에게도 마음을 열어주어야 합니다. 마음을 연다는 건 원래 그런 겁니다. 모든 걸 가지려면 정말 모든 걸 기꺼이 가질 마음을 먹어야 합니다. 좋은 것, 그저 그런 것, 불쾌한 것, 그리고 가끔은 끔찍한 것들까지요.

힘겨운 일들에 대하여 마음을 열 수 있는 효과적인 방법이 하나 있습니다. 고통을 피하는 일과 기쁨을 좇는 일 모두를 그만두는 겁니다. 찾아오는 불쾌함을 그저 맞이하고, 기쁘고 좋은 감정들을 보내줍니다. 들

숨에 불쾌함을 받아들이고, 날숨에 그동안 절실하게 원했던 것들 혹은 스스로에게 위로가 되리라고 생각했던 것들을 보내줍니다.

자신에 대한 이야기에 조금 덜 집착하고 그 단어들을 떠나보낼 수 있게 된다면, 그리고 그 이야기들과 싸우지도 않고 그저 그 곁에 앉아 불편함을 느껴볼 수 있게 된다면, 당신은 이제 우리 모두와 같은 경험, 같은 아픔을 공유하는 셈입니다. 이것이 바로 연민의 진정한 의미입니다. 전 인류가 공유하는 감각을 당신 또한 경험한다는 건 꽤 좋은 힐링이며, 고통에서 벗어나 활력 속으로 들어가는 길을 당신에게 열어줄 겁니다.

고통을 들이마시고 위로를 내쉬는 일은 '통렌'이라는 오래된 명상법의 기초입니다. '내어주고 받아들이기'라는 뜻의 통렌은 괴로운 것들을 맞이하고 좋은 것들을 내어준다는 점에서 자칫 거꾸로 된 것처럼 보일 수 있습니다. 그러나 통렌 명상의 힘은 바로 그 점에서 나옵니다.

당신은 달갑지 않은 일을 받아들임으로써 새로운 의미를 찾을 수 있습니다. 받아들인다는 건 곧 우리 모두가 공유하는 인간적이고 실질적인 능력, 즉 상처받을 줄 아는 능력을 당신도 가지고 있다는 걸 스스로 인정하는 것과 같습니다. 지금까지 스스로를 위해 무언가를 절박하게 구하러 다녔다면, 그 무언가를 다른 이들에게 내어줄 때 당신은 오롯한 힘을 얻습니다. 이 모든 변화는 기분이 나아져야 한다는 집착으로부터, 또 두려움이나 불쾌한 감정들과의 싸움으로부터 당신을 해방시켜줄 겁니다. 이에 더해 사랑하는 능력과 연민하는 능력도 길러줄 겁니다. 다음의 연습을 통해 이 중요한 기술을 배워봅시다.

나쁜 것 품고 좋은 것 내어주기

5분에서 10분 정도 방해받지 않을 수 있는 곳에 편안하게 앉으세요. 팔다리는 꼬지 말고 정자세로, 두 발바닥을 땅에 붙이고 손은 무릎 위에 올려놓으세요.

이제 눈을 감고 가슴과 배에서 느껴지는 자연스러운 호흡의 리듬에 부드럽게 의식을 집중해보세요. 잠시 후, 고통스럽고 아픈 무언가, 예를 들면 당신을 불안하게 만들었던 최근의 사건이나 순간 등을 떠올려보세요. 그러고는 숨을 깊이 들이마시면서 그 부정적이고 고통스러운 일들을 빨아들인다고 상상해보세요. 불편한 일들을 들이마셔서 폐 안 가득 채우는 동안, 지금 이 순간 당신이 느끼는 기분을 이 세상 다른 수백만 명의 사람들도 느끼고 있다는 점을 곱씹어보세요. 이 모든 건 당신만의 문제가 아닙니다. 수도 없이 많은 사람들이 지금까지 이 불안을 느껴왔습니다.

이건 자기 자신과 다른 사람들을 위해 하는 일이라고 생각해보세요. 우리 모두가 겪는 괴로움과 싸움, 비난, 수치심과 그 고통 따위에서 자기 자신 및 다른 사람들을 해방시키겠다고 마음먹어보는 겁니다. 그 다짐을 마음에 품은 채, 숨을 내쉴 때마다 위로와 즐거움과 호의를 내뱉어보세요. 호흡의 자연스러운 리듬에 맞추어서 천천히 그렇게 해보세요. 숨을 들이쉴 때마다 스스로의 고통을 마셔버리고, 숨을 내쉴 때마다 다른 사람들도 각자의 싸움과 상처와 괴로운 경험들에 대한 위안을 얻게 될 거라는 바람과 호의를 내뱉어보세요.

만약 불안 속에서 숨을 들이마시고 내쉬는 게 너무 부담스럽거나 답답하게 느껴진다면, 어떤 드넓은 공간에 대고 숨을 쉰다고 생각해보세요. 사실 당신의 가슴속에는 실로 광대한 공간이 있으며, 얼마든지 더 넓힐 수도 있습니다. 숨을 들이쉴 때마다 가슴속의 공간이 점점 넓어져서 그 모든 걱정과 불안, 우려 따위를 담고도 남을 만큼 넓어진다고 상상하면서 깊이 들이쉬어보세요. 숨을 내쉴 때마다 당신의 존재가 활짝 열려서 불안이나 두려움을 따로 밀어낼 필요도 없어진다고 상상하면서 깊이 내뱉으세요. 떠오르는 모든 것들에 가슴을 내어주는 겁니다.

만일 명상 중 잡생각이 들거나 산만해진다면 그 생각들을 한번 친절로 바라본 뒤, 다시 고통과 상처를 맞이하고 호의와 친절을 내어주는 일로 돌아오세요. 이런 식으로 내어주고 받아들이기 연습을 원하는 만큼 계속해보세요.

준비가 되었다면 당신을 둘러싼 세계로 천천히 의식을 확장하면서, 남은 오늘 하루 동안도 내어주고 받아들이겠다는 다짐을 하며 부드럽게 눈을 뜨세요.

불안한 기분이 몰려들어서 주체할 수 없을 때가 찾아온다면 그 자리에서 당신 자신, 그리고 당신과 마찬가지로 괴로움에 빠진 모든 사람들을 위하여 통렌 명상을 해보세요. 언제 어디서든 당신 자신, 그리고 당신과 같은 경험을 하는 수많은 사람들을 위하여 지금 있는 바로 그 순간 그 자리에서 숨을 들이마시고 불편한 감정들을 살핀 뒤 편안하고 침착한 감각을 담아 숨을 내쉬어보세요. 불쾌한 불안과 기꺼이 함께 머물려는 마음을 가진다면, 곧 불안을 두려워하지 않을 줄도 알게 될 겁니다.

43

흘려보내기

심리학자들은 인간이 하루 육천에서 팔천 가지의 생각을 한다고 추정합니다. 그러나 우리가 정말로 주의를 기울이는 생각들은 그중 몇 개 되지 않죠. 주의를 끄는 생각들은 뇌리에서 잘 떠나가지도 않고, 우리의 삶을 쓸데없이 제한할 수도 있습니다. 여기서 우리는 생각이 오고 가도록 놔두는 법을 배워야만 합니다. 가만히 놔둘 수만 있다면 생각도 그저 왔다가 갈 테니까요.

이 방법은 불안한 생각들과 충동에 주의를 빼앗길 때 큰 도움이 될 겁니다. 신경을 쓰면 쓸수록, 그 생각들은 더더욱 뇌리에 진하게 남아서 불안을 키우고 사로잡힌 듯한 느낌을 줄 겁니다. 그러니 불안한 생각과 충동이 떠올라도 거기에 말려들거나 반응하는 일 없이 그저 그것들이 오고 가도록 놔두는 법을 배워봅시다. 이 방법은 스스로를 판단하려는 당신의 마음과 당신의 경험 사이에 공간을 만드는 데에도 도움이 될 겁니다.

이번 연습을 통해 스스로의 생각과 충동이 오고 가는 모습을 지켜보면서도 그들이 시키는 대로는 하지 않는 법을 익혀봅시다. 생각들이 움직이는 대로 놔두기만 한다면 정말 왔다가도 저절로 가버리는 모습을 볼 수 있을 겁니다. 당신이 해야 할 일은 그저 지켜보고 기다리는 것이 전부입니다.

시냇물 위의 나뭇잎

- 앞서 했던 대로 호흡에 의식을 집중해봅니다. 호흡을 하면서 가슴과 배가 오르락내리락하는 걸 살펴보세요. 일부러 호흡을 조절할 필요 없이, 그저 숨 쉬어지는 대로 숨을 쉽니다. 부드럽게 눈을 감으세요.

- 몇 분 정도 그대로 있다가, 이제 어느 선선한 가을날 작은 개울가에 앉아 있다고 상상해보세요. 시냇물을 바라보고 있는데, 저 위에서부터 각기 다른 색과 모양과 크기의 큼지막한 나뭇잎들이 느릿한 물살에 몸을 맡긴 채 각기 다른 속도로 하나씩 떠내려오고 있는

게 보입니다. 잠시 그 순간을 그대로 바라보세요.

- 준비가 되었다면 이제 당신의 내면에서 어떤 일이 일어나고 있는지 살펴봅시다. 마음속에 떠오르는 생각, 감정, 감각, 욕구, 충동 등에 하나씩 이름표를 붙여보세요. 아마 그 중 하나 정도는 "지금 이럴 시간 없어"라는 이름을 가지고 있을지도 모르겠습니다.

- 이제 떠내려오는 나뭇잎 한 장에 당신의 경험 한 개를 올려보세요. 그 나뭇잎이 점점 더 가까이 오는 모습을 관찰해보세요. 그러고는 경험을 짊어진 나뭇잎이 당신을 지나쳐 천천히 흘러 내려가다가 마침내 시야에서 사라지는 모습을 지켜보세요. 다시 시선을 돌려 강물을 바라보면서 다음 나뭇잎이 떠내려오기를 기다려보세요. 계속해서 나뭇잎 위에 생각, 감정, 기억, 충동 등을 한 개씩 올려놓아 보세요. 나뭇잎이 떠내려가게 놔두면서, 저 멀리 떠내려가는 모습을 바라보세요.

- 준비가 되었다면 주변의 소리들로 의식을 확장시켜보세요. 남은 오늘 하루도 다정한 허락과 자기수용을 실천하겠다고 다짐하면서 눈을 뜨세요.

'시냇물 위의 나뭇잎' 연습을 앞으로 2주가량 동안 자주 해보세요. 익숙해진 다음에는 실제로 경험하는 일들에 대해서도 두 눈을 뜬 채로 이 방법을 사용할 수 있을 겁니다. 또한 한 발 더 나아가서, 26장의 '뛰어들기 vs 관전하기' 연습에서 체스판이 되었던 것처럼 이번에는 시냇물이 되어보는 것도 좋습니다. 시냇물이 된 당신은 배 위에 나뭇잎들을 얹고선, 나뭇잎들이 떠내려가는 동안 그 위에 실린 생각, 느낌, 감각, 욕구, 충동 등을 바라볼 수 있습니다. 그저 시야 너머로 떠내려가도록 내버려두세요. 나뭇잎이 할 일을 하게 놔두는 겁니다. 그러고는 당신이 스스로의 경험을 바라보는 관찰자가 되었단 점을 살펴보세요.

44

잘 돌보기

우리 중 대다수는 누군가를 잃었거나, 부당한 취급을 받았거나, 끔찍한 학대를 당한 일 때문에 받은 오랜 상처가 있습니다. 고통스러운 감정과 이미지, 기억들이 떠오를 때마다 우리의 본능은 그것들을 즉각 밀어내려는 식으로 반응합니다. 그러나 만약 그렇게 하려는 기미가 보이거든 당장 그만둬주세요. 이 순간은 오랜 상처를 연민과 수용으로 감싸 안을 황금 같은 기회입니다.

왜 상처를 감싸 안아야 할까요? 상처를 받은 적이 있는 사람들은 계속해서 자기 자신과 남들을 괴롭게 만드는데, 왜냐하면 상처가 나을 기회를 스스로에게 허락한 적이 없기 때문입니다. 스스로의 상처를 돌보지 않는다면 그 고통을 자녀와 배우자, 친구, 동료 등 당신의 삶 속 다른 사람들에게 전가할 수도 있습니다. 상처는 몇 번이고 재사용될 수 있으니까요.

이 굴레에서 벗어나려면 스스로를 잘 보살피는 법을 배워야 합니다. 몸이 안 좋거나, 질병에 걸리거나, 다쳤을 때와 똑같은 방식으로 자신을 돌보는 겁니다. 육체적으로 아플 때면 당신은 아마 하던 일을 멈추고선 아픈 곳에 다정하게 주의를 기울일 겁니다. 불안 상처도 이와 똑같이 대해줄 수 있습니다.

불안을 연민으로 감싸 안는다는 건 당신이 짊어진 오랜 상처를 치유해줄 연고와 같습니다. 연민은 우리가 몸을 관리하는 것과 마찬가지로 마음과 감정을 친절로 보살피는 방법을 알려줍니다. 이것이 바로 불안을 연민으로 감싸 안는다는 것의 의미입니다. 스스로에게 가혹하게 구는 일을 멈추는 법을 배우는 겁니다.

다음의 연습은 당신의 불안과 두려움, 그리고 다른 모든 형태의 속상한 감정들을 보살피는 자기자비를 실천할 수 있게 해줄 겁니다.

치유의 손길

아주 어렸을 때를 떠올려보세요. 감기나 독감에 걸려서 열이 심하게 나고 아팠던 적이 있었을 겁니다. 그때의 느낌이 얼마나 안 좋았는지를 생각해보세요. 어쩌면 당신의 인생 속 어른들 중 하나가 약을 챙겨줘서 좀 나아지기도 했을 겁니다. 그러나 그것도 당신 곁에서 언제나 당신을 돌보던 누군가, 이를테면 어머니하고는 비교가 되지 않습니다. 그 특별한 사람이 당신 곁에 앉아서 이마에 손을 얹어주었을 때 어떤 느낌이 들었는지를 떠올려보세요. 아마 포근하고 좋았을 겁니다.

당신에게 그 손은 마치 신의 손과도 같았습니다. 그 사람의 손길이 내뿜은 상쾌함과 사랑, 연민, 그리고 치유력은 당신의 몸, 당신의 존재 자체에 스며들었습니다. 그리고 잠시 동안 나아진 기분도 들었을 겁니다. 과거에 당신을 어루만져주었던 이 특별한 사람의 손길은 여전히 당신의 두 손에 깃들어 살아 있습니다. 이제 그 손길이 어떻게 느껴질지 살펴봅시다.

지금 여기서 편안하게 앉아 눈을 감아보세요. 당신을 보살펴주었던 특별한 사람을 떠올려보세요. 그리고 당신이 어리고 아플 때 그 사람이 당신의 이마를 어루만지는 상상을 해보세요. 이제 당신 자신의 이마와 가슴을 당신의 두 손으로 짚어보고, 옛날 그 사람의 애정 어린 손길이 아직도 살아있는지 느껴보세요. 그 특별한 사람의 애정이 담긴 부드러운 손길과 그 에너지가 당신의 손에서 흘러나와 몸속으로 흘러들어가도록 허락해주세요. 그 부드러운 느낌을 당신의 모든 경험에도 허락해주세요.

당신의 기분을 좋게 만들어주었던 사람, 당신을 사랑했고 보살펴주었던 사람이라면 누구든지 마음속에 떠올려서 이 연습을 해보세요. 그 사람의 보살피는 손길과 그 다정함은 여전히 당신의 두 손에 깃들어 살아 있습니다. 그리고 당신은 그 다정함을 지금 이 순간, 언제 어디서든 스스로에게 베풀 수 있습니다.

당신은 스스로에게 자애를 베풂으로서 불안과 상처, 그리고 자기 자신을 돌볼 수 있습니다. 스스로를 돌보기 위해서 다른 사람에게 의지할 필요는 없습니다.

45

힘 되찾기

'용서'라는 단어는 종종 상당한 오해와 혼란을 낳습니다. 그러나 용서의 본질은 고통스러운 과거를 떠나보냄으로써 스스로를 치유하고 앞으로 나아가는 일일 뿐입니다. 그게 전부입니다. 또한 용서는 과거의 잘못된 일들을 잊어버리거나, 용납하거나, 무시해버리기 위한 게 아닙니다. 용서하지 않는다면 당신은 사실상 그 자리에 발목 잡히고, 영원히 피해자로 남으며, 그 어디에도 없을 해결책을 끊임없이 원하고 기다리게 될 게 빤하기 때문에 용서하는 것입니다. 지나간 상처에 매달리는 건 결국 당신을, 당신만을 아프게 합니다. 그렇기 때문에 여기서 그만둬야 하는 겁니다.

여러 연구에 따르면 기꺼이 용서하려는 마음은 육체적, 감정적, 정신적 건강을 좋아지게 만듭니다. 용서라는 중요한 기술을 배운 사람들은 상처나 스트레스를 덜 받고, 화도 덜 나고, 우울과 질병도 줄어들었다고 합니다. 게다가 더 많은 에너지와 희망을 얻고, 더 낙관적인 사람이 되었으며, 연민과 사랑이 늘고, 더 잘 살고 있다는 느낌도 가지게 되었다고 합니다.

이러한 이점들 외에도, 아픔을 보내주는 일은 당신의 인생에서 앞으로 나아갈 수 있는 공간을 만들어줍니다. 과거의 불의에 갇힌 죄수에서 벗어나 스스로를 위한 새로운 방향을 설정할 수 있는 겁니다. 지금 이 순간부터 오래된 이야기들, 과거에 대한 집착들, 수치심과 화, 후회, 고통스러운 감정들 따위를 놓아주는 편을 선택해봅시다. 지금 당장 살고 싶은 삶을 만들기 위해 어떻게 앞으로 나아가고 싶은지를 결정하는 겁니다.

인생을 위해 용서하기

잠시 시간을 들여서 지난날 화나거나, 가슴 아프거나, 분하거나, 착잡하거나, 부당하게 느껴졌던 상황이나 사건을 한 가지 떠올려보세요. 준비가 되었으면 눈을 감고 그 사건을 마음속에 그려보세요. 무슨 일이 일어났나요? 누가 잘못했나요? 당신이었나요, 아니면 다른 사람이었나요? 당신 혹은 다른 사람들은 어떻게 상처를 받았나요? 그 상황에서 무언가를 얻지 못해서 지금까지도 안타까운 게 있나요? 몇 분 정도 시간을 들여 이 질문들을 곰곰이 생각해보세요.

- 1단계 의식하기. 과거의 사건에 대하여 당신이 느끼는 고통을 의식해보세요. 있는 그대로를 경험해보세요. 지금은 어디가 아픈가요? 그걸 정면으로 마주할 수 있나 시도해보세요. 그건 어떻게 느껴지나요? 어떻게 보이나요? 당신의 마음이 고통을 판단과 비난, 그리고 부정적인 평가와 연결시킨다는 점을 살펴보세요.

- 2단계 분리하기. 관찰자 자아를 이용해서 지금 겪고 있는 고통과 당신의 판단을 분리시켜보세요. 다른 어떤 것도 연결시키지 말고 판단은 판단대로, 비난은 비난대로, 씁쓸함은 씁쓸함대로 바라보세요. 그저 지켜보면서, 마음이 당신에게 하는 말과 당신이 느끼는 경험 사이에 공간을 만들어보세요.

- 3단계 연민 어린 목격자 되기. 한 발자국 더 물러나보세요. 영화관에서 대형스크린을 통해 보듯 그 사건을 바라보는 겁니다. 지금 처음으로 펼쳐지는 이야기라고 생각하고 관객이 되어 그걸 지켜본다고 상상해봅니다. 마음을 열고, 화면 속 주인공들을 바라보는 연민 어린 목격자가 될 수 있는지 시도해보세요. 누가 상처를 주는지 살

펴보세요. 누가 상처를 받는지 살펴보세요. 상처를 주고받기 시작한 원인은 누구인지 살펴보세요. 그때 당시 느꼈던 고통, 그리고 지금 느껴지는 고통의 원인은 누구인지 살펴보세요.

- 4단계 보내주고 나아가기. 이제 스스로에게 다정하게 물어보세요. 지금 당신이 느끼는 분한 마음은 누가 통제할 수 있나요? 과거의 몹쓸 일에 관한 기억을 붙잡고 있느라 지금 상처를 받고 있는 사람은 누구인가요? 그걸 떠나보내고 앞으로 나아갈 수 있는 선택권은 누구에게 있나요? 모두 다 당신입니다. 당신은 해결책이 있으리라는 희망과 바람을 떠나보낼 수 있습니다. 당신은 문제를 해결하는 데, 맞서 싸우는 데, 혹은 되갚아주는 데 들이는 에너지와 노력을 거두어 더 나은 곳에 사용할 수 있습니다. 당신은 자신의 고통이 어떤 것인지를 직시함으로써 스스로의 경험을 친절하게 맞이할 수 있습니다. 당신의 것이니 제대로 가져보고, 다 가져보았다면 이젠 보내주세요.

분한 마음과 화를 기꺼이 보내줄 마음이 들었다면 지금 그렇게 해보세요. 만일 그렇게 하는 게 어렵다면, 당신이 분노를 보내주지 못할 때 누가 상처를 받는지 생각해보세요. 당신인가요, 아니면 옛날 당신에게 잘못을 저질렀던 그 사람인가요? 만약 분한 마음이나 되살아난 분노에서 벗어난다면 스스로의 정신적인 여유와 에너지를 이용해 어떤 것들을 할 수 있을지 상상해보세요. 어떤 것들을 생각할 건가요? 어떤 것들을 느낄 건가요? 어떤 일들을 할 건가요? 시간을 들여 생각해보세요.

명심하세요. 이 연습은 한때 당신을 아프게 했던 사람이나 상황을 위한 것이 아니라, 오로지 당신을 위한 것입니다.

46

고마움의 선물

마음의 평화와 진정한 행복을 위해 손쉽게 할 수 있는 방법이 있다고 상상해보세요. 놀랍지 않나요? 방법은 정말로 있습니다. 바로 '감사하기'입니다.

가진 모든 것들에 대하여 감사하는 일이 인생에 상당히 도움이 된다는 건 과학적으로도 잘 밝혀진 사실입니다. 건강과 관계, 삶의 질, 심지어는 수면의 질까지도 향상시켜주죠. 감정들도 개선시켜줍니다. 보다 긍정적인 감정들을 느낄 수 있게 만들어주고, 스트레스나 어려움으로부터 회복할 수 있게 도와줍니다. 자존감을 높이는 데에도 큰 도움이 됩니다. 그러므로 매일같이 감사하는 마음을 가지는 사람은 결국 가지지 못한 것이나 잃어버린 것들에 온 신경을 쏟는 사람보다 더 행복하고 더 건강해지며 더 오래 살게 됩니다.

그러나 하룻밤 사이에 극적인 변화를 기대하지는 마세요. 감사한 마음을 기른다는 건 시간과 연습이 필요한 기술입니다. 감사함이 주는 이득을 최대한 만끽하려면 매일같이 감사한 마음을 가지는 게 가장 좋습니다. 다행히도 이를 연습하기 위해서 따로 무언가를 준비할 필요는 없습니다. 실제로 연구에 따르자면 감사일기를 쓰는 데 하루 단 5분만 투자해도 행복도가 약 10% 증가합니다. 《이모션》지의 한 연구에서도 매일 감사일기를 쓴다는 건 월급이 두 배로 올랐을 때와 비슷한 정도로 행복을 증진시킨다는 게 밝혀졌습니다. 꽤 놀라운 일이죠.

다음의 일기 쓰기 연습은 당신이 매일 감사한 마음을 가질 수 있도록 도와줄 겁니다.

감사 일기

앞으로 2주 동안 감사일기를 써봅시다. 잠자리에 들기 전 잠시 시간을 내어 오늘 있었던 일들을 돌아본 뒤, 당신이 고마움을 느꼈던 일 다섯 가지를 적어보세요. 직접 글씨로 써보는 게 중요합니다. 머릿속 생각으로만 끝내지 말고 써보세요. 당신이 적는 일들은 아주 사소한 일일 수도("오늘 점심에 먹은 샌드위치가 맛있었다", "화장실에 휴지가 넉넉했다"), 꽤 놀라운 일일 수도 있습니다("여동생이 건강하게 아기를 낳았다", "불안감이 들이닥쳤지만 그래도 나에게 중요한 일을 꿋꿋이 할 수 있었다").

이 연습의 목적은 당신이 감사해할 만한 사건이나 경험, 사람 혹은 사물들이 당신의 삶 속에 있다는 걸 인식하는 것입니다. 그다음 거기에 따라오는 좋은 감정들을 즐겨보세요. 삶 속의 좋은 것들을 당연하게 여기지 말고 '선물'이라고 생각해보세요. 때로는 생각지도 못했던 일이 감사하게 느껴져서 놀랄 때도 있을 겁니다. 바로 그 순간을 음미해보세요! 최소한 2주 동안 하루 십 분에서 십오 분 정도 여기에 투자해보세요.

다음의 세 가지 주의사항만 지켜주면 됩니다.

- 자세하게 쓰기. 구체적이고 자세하게 쓰는 건 감사한 마음을 기르는 데 아주 중요합니다. "남편에게 고맙다"보다는 "오늘 몸이 안 좋았는데 나랑 같이 사는 사람이 죽을 끓여줘서 고마웠다"라고 써보세요.

- 반복하지 말기. 최소한 2주 동안은 새로운 감사한 일들을 매일 찾아보세요. "아침에 커피를 마실 수 있어 감사했다", "씻을 때 샴푸가 모자라지 않아 감사했다", "잠깐 명상할 시간이 나서 감사했다" 등 아주 간단한 일도 좋습니다.

- 멈춰서 생각하기. 매일 밤 일기장을 덮기 전에 방금 무엇을 썼는지 다시 한번 살펴보세요. 당신이 적은 일들을 가슴으로, 마음 깊이 고마워해보세요.

물론 원한다면 2주 이상 계속해서 일기를 써도 좋습니다. 결국에는 하루 중 감사해할 만한 일이 생겼을 때 바로 그 자리에서 의식적으로 감사하고 고맙게 여기고 싶어질 겁니다. 일기를 쓸 때는 당신의 인생에 감사해할 만한 일이 무엇이 있는지 구체적으로 살펴보세요. 그 달콤함 속으로 빠져보는 겁니다.

감사일기의 궁극적인 목적은 당신의 삶 속 감사한 일들을 보다 의식적으로 볼 수 있게 하는 겁니다. 가슴속에 떠오르는 찰나의 감사한 마음을 보다 주의 깊게 살펴보기 시작한다면 그 감사한 마음도 더 자주, 더 또렷하게 떠오를 겁니다.

감사하는 일은 행복과도 밀접한 관련이 있습니다. 감사한 마음을 표현하면 더 행복해지는 기분이 듭니다. 더 큰 감사함은 더 큰 행복과 같습니다. 단, 여기서의 행복은 그저 행복한 감정뿐만 아니라, 그보다 더 깊고 오래가는 만족감과 기쁨을 의미합니다. 그러므로 삶 속에서 더 크고 진정한 행복을 경험하고 싶다면, 지금 가지고 있는 일들에 감사하는 것이 가장 효과적이고 쉬운 첫걸음이 될 겁니다.

47

친절은 친절을 부른다

다른 사람들에게 친절을 베풀 때마다 당신 스스로도 힘을 얻습니다. 연구에 의해서 명확하게 밝혀진 바이죠. 크고 작은 친절을 베푸는 습관이 든 사람들은 더 행복하고 더 건강합니다. 그들은 원래 행복한 사람이라 그렇게 너그러이 굴 수 있다고 생각할 수 있지만, 그게 아닙니다. 친절을 베푸는 행위는 그렇게 하는 사람의 기분도 좋아지게 해줍니다. 무언가 내어줌으로써 만족감과 기쁨을 얻는 겁니다. “행복해지고 싶다면 다른 사람들을 행복하게 만들어라”라는 말을 들어본 적이 있을 겁니다. 친절과 연민은 더 큰 행복을 만들 뿐만 아니라, 나아가 더 강한 목적의식과 유대감을 돌려줍니다.

친절을 베푸는 행위는 이외에도 여러 이유로 유익합니다. 불안이나 두려움에 빠져 아무것도 마음대로 할 수 없을 것만 같을 때, 다른 사람들에게 무언가 친절을 베푼다면 당신 스스로도 힘을 되찾은 듯한 기분이 들 겁니다. 나약해진 순간에 친절을 베푼다는 건 정말이지 힘 있는 행동이니까요.

그러나 단지 누군가로부터 무언가를 얻기 위해 친절을 베풀지는 마세요. 칭찬이나 감사, 혹은 박수갈채를 받자고 하는 일이 아닙니다. 당신은 친절을 베푸는 게 좋기 때문에, 혹은 친절을 베풀 수 있기 때문에 그냥 친절을 베푸는 겁니다. 만약 대가를 바라고 친절을 베푼다면 결국에는 실망하는 일도 자주 생길 겁니다.

그냥 친절을 베풀기 시작한다면 기대라는 굴레를 벗어던지고 나와 당신이, 또 당신만이 할 수 있는 선행에 몰두할 수 있습니다. 그렇게 한다면 대개는 파급효과도 함께 일어납니다. 친절이 친절을 부르는 거죠. 다른 사람이나 자기 자신에게 친절을 베푼다면 상대방도 당신에게 친절을 베풀어줄 가능성이 더 높아집니다.

다른 사람에게, 또 자기 자신에게 친절을 베푸는 일을 어렵게 느끼는 사람이 많습니다. 처음에는 부자연스럽게 느껴지기도 하겠죠. 그러나 포기하지 마세요. 다음의 연습은 친절을 베푼다는 긍정적인 습관을 일상적으로 행할 수 있도록 도와줄 겁니다.

친절 베풀기

자기 자신과 다른 사람들에게 친절을 베풀겠다는 마음을 먹는 것으로 시작해봅시다. 꼭 편안하거나 다정한 기분이 아니더라도 애정 어리고 친절한 행동들을 할 수 있습니다. 지금 느끼는 감정과 상관없이 그냥 친절을 베풀면 됩니다. 그렇게 할 수 있는 몇 가지 방법을 여기 소개합니다.

- "먼저 하세요", "고맙습니다", "천만에요" 등의 말을 더 많이 해보세요. 다른 사람에게 문을 열어줄 수도 있고, 도움의 손길을 건넬 수도 있고, 지나치는 사람에게 미소를 선물할 수도 있고, 운전을 하면서 다른 차가 끼어들게 해줄 수도 있습니다. 사랑하는 사람을 껴안아주고 뽀뽀해주세요. 상처를 받거나 되갚아주려는 충동이 들 때는 이해와 연민, 용서를 베풀어주세요.

- 당신이 가진 재능, 취미, 시간, 자원, 음식 등을 다른 사람들과 나눌 수 있는 순간을 찾아보세요.

- 다른 사람이나 사물을 보살필 기회가 있는지, 감사를 표하고 온정을 나눌 수 있는 순간이 있는지 살펴보세요.

- 희망과 사랑, 도움의 손길을 건넬 수 있는 기회가 있는지 찾아보세요. 특히 숨고 싶을 때, 모두 무시해버리고 싶을 때, 혹은 폭발할 것 같을 때 그렇게 해보세요.

꾸준히 연습한다면 당신은 별다른 노력 없이도 친절을 베풀면서 깊은 평화와 사랑, 신뢰의 감각들을 얻을 수 있을 겁니다. 친절을 베푸는 대상이 무엇이든, 결국 친절은 당신을 위한 것입니다. 친절을 기르고 발전시켜보세요. 친절을 당신 존재의 핵심으로 삼고, 당신이 살고 싶은 인생의 핵심으로도 삼아보세요. 친절을 베푼다면 그 친절이 부른 또 다른 긍정적인 것들이 반드시 당신에게 돌아올 겁니다.

48

주도권 잡기

우리는 모두 자기 운명의 주인입니다. 그 누구도 당신의 인생을 대신 꾸려줄 수 없습니다. 앞으로 나아가지 못하는 걸 다른 사람이나 자기 불안의 탓으로 돌리는 것도 도움이 되지 않습니다. 이제 그쯤하면 됐다고 결단해야 합니다. 당신의 과거를 없던 일로 만들거나 지워버릴 수는 없습니다. 그러니 스스로에게 지금 이 순간부터 어떤 삶을 살아가고 싶은지 물어보세요. 원하는 삶을 꾸려나가려면 우선 자신이 어느 부분에서 결정권과 선택권을 가지고 있는지를 명확히 밝혀야 합니다.

인생은 선택의 연속이고, 당신의 모든 선택은 당신이 책임집니다. 그 사실을 직시한다면 마음이 무거워질 수도 있고, 오히려 가벼워질 수도 있습니다. 그러나 마음 깊은 곳에서는 스스로 공황이나 불안, 걱정을 품을지 말지 선택할 수 없다는 걸 당신도 알고 있습니다. 만일 불안이 선택의 문제였다면 그 누구도 불안을 느끼길 택하지 않았겠죠.

LIVE 방법과 함께라면 선택지를 하나 늘릴 수 있습니다. 맞이하고 환영하는 자세로 불안과 관계를 맺어보는 겁니다. 불안을 적으로 여기지 않고 친구처럼 대해주는 법을 배울 수 있습니다. 그러나 불안의 모든 것을 좋아할 필요는 없습니다. 친구나 배우자, 혹은 가족 누군가라도 그 사람의 모든 면을 좋아할 수는 없는 것과 마찬가지입니다. 속상한 감정과 고통이 느껴질 때 어떤 대응책을 선택할지, 그리고 어떻게 행동할지를 결정하는 건 당신의 몫입니다.

다른 선택 내리기

불안한 감정이 들이닥칠 때 당신이 어떠한 부분에서 스스로의 행동을 결정할 수 있는지 하나씩 살펴봅시다.

- 나는 마음이 시키는 대로 하는 대신 아무런 추가 행동 없이 그저 마음이 하는 말을 관찰할 수 있다.

- 나는 불안과 싸우거나 불안을 내쫓으려 애쓰는 대신 연민으로 불

안을 맞이하고 불안이 거기 그대로 머물도록 놔둘 수 있다.

- 나는 나의 몸이 하는 일에 대하여 내 마음이 하는 말을 귀담아듣는 대신 내 몸을 직접 관찰할 수 있다.

- 나는 불안한 감정이나 생각이 찾아올 때 주의를 돌리려 애쓰거나 약을 먹거나 도망치는 대신 그저 가만히 내버려둘 수 있다.

- 나는 불안감을 느끼는 것과 관련하여 나 자신이나 다른 사람들을 비난하거나 깎아내리는 대신 스스로를 인내하고 받아들일 수 있다.

- 나는 불안과 맞서 싸우며 발목 잡히는 대신 불안과 함께 살아나갈 수 있다.

당신은 스스로의 선택에 따라 불안의 곁에 앉아 그 존재를 인정하고 그대로 놔두면서 호기심과 다정한 수용의 마음가짐으로 불안을 관찰할 수도 있고, 그게 아니라면 불안이 시키는 대로 행동하고, 줄다리기에 뛰어들고, 불안을 통제하거나 없애버리고 싶은 충동에 굴복하여 회피하고 도망치고 억누르려 애쓸 수도 있습니다. 그건 정말이지 당신의 선택에 달려 있습니다.

49

감정적인 몸 데리고 살기

지금 앉은 의자의 팔걸이를 만지고 그 촉감을 느껴볼 수 있는 것처럼, 당신은 자신의 감정도 살피고 느껴볼 수 있습니다. 이번 장에서는 스스로를 알아보고, 불안해질 때 느끼는 감정들이 정말로 어떤 감정들인지를 살펴봅시다.

다시 말하자면, 스스로의 경험을 만져보고, 경험이 머물 공간을 만들어주고, 그 경험들로부터 무언가 새로운 걸 배우는 것이 이번 장의 목적입니다. 그 불편한 먼지구덩이를 헤치고 가는 것 자체가 목적이 아니라는 걸 명심하세요. 손바닥에 손톱이 박히도록 주먹을 꽉 쥐고 참아내자는 것도 아닙니다. 더는 저항하지도 싸우지도 않는 겁니다. 그렇게 할 수 있다면 스스로와 새로운 관계를 맺고, 당신이 정말 소중하게 여기는 방향으로 나아갈 공간을 만들 수 있습니다.

다음 연습을 하는 동안 왜 당신이 이번 연습을 하고 있는지를 명심하세요. 이 연습은 불안이 있든 없든 스스로의 삶을 살아가는 것에 관한 연습입니다. 더 이상은 싸움도 저항도 필요하지 않습니다. 마음을 열고 연민과 호기심으로 당신의 감정적 경험들을 맞이해주세요. 이처럼 마음을 여는 일은 당신이 스스로에게 해줄 수 있는 가장 다정한 행동일 겁니다.

감각과의 만남

오 분에서 십 분 정도 방해받지 않을 수 있는 곳에 편안하게 앉아 시작해봅시다. 상상력을 동원하여 최대한 생생하게, 마음과 가슴으로 다음의 지시를 최대한 따라 해보세요.

- 불안이 느껴질 때 가장 힘든 부분은 무엇인가요? 불안이 느껴질 때 당신의 몸에 어떤 느낌들이 찾아오는지 잠시 시간을 들여 생각해보세요. 특히 육체적인 감각에 집중해보세요. 주로 어떤 감각들이 찾아오나요? 몸이 뻣뻣해지거나, 심장이 쿵쾅대거나, 현기증이 나거나, 속이 메슥거리나요?

- 그러한 육체적 감각들은 당신이 정말 하고 싶은 일을 하지 못하도록 방해하는 편인가요? 당신에게 중요한 일, 즉 당신의 가치 중 한 가지에 집중해서 생각해보세요.

- 이제 멈추세요. 그리고 당신이 느끼는 육체적 감각들 중 가장 탐구해보고 싶은 한 가지를 고르세요.

- 그 육체적 감각을 있는 그대로 살펴보겠다고 다짐해보세요. 의지와 다짐은 당신의 선택이라는 걸 명심하세요. 하길 택하거나, 하지 않길 택하는 건 당신입니다. 그렇게 할 마음이 없다면 연습의 다음 단계를 시도하는 건 아무런 의미가 없습니다. 그러므로 당신이 느끼는 것들이 정말 어떤 느낌인지를 기꺼이 살펴볼 만큼 당신의 삶과 가치들이 중요한지 잘 생각해보세요.

- 이제 스스로에게 물어보세요. "이 육체적 감각은 내 불안의 일부가 되기 이전에도 느껴진 적이 있었나?" 지난날을 곰곰이 생각해보세요. 아마 같은 감각을 아무렇지도 않게 느껴본 적이 있을 겁니다. 기억을 떠올리는 동안 스스로에게 물어보세요. "나는 꼭 이 육체적 감각을 적으로 삼아야만 하는 걸까?" 그다지 좋은 감각은 아니지만, 그래도 있는 그대로의 감각을 단순히 당신의 몸에 찾아온 감각

들 중 하나로 기꺼이 받아들일 수 있나요?

- 이제 두 눈을 감고 당신의 소중한 가치에 집중해보세요. 당신이 소중하게 여기는 일을 하고 있을 때 그 육체적 감각이 나타났다고 상상해보세요.

- 호기심을 가지고 그 육체적 감각을 살펴보세요. 그 감각은 어디에서 느껴지나요? 어떤 느낌인가요? 이제 그 육체적 감각에 여유와 다정함을 불어넣고 또 들이마셔보세요. 어느 정도 여유공간이 느껴질 때까지 계속해보세요.

- 이제 다시 한번 그 육체적 감각을 살펴보세요. 그 감각은 정말 당신의 적인가요? 아니면 감각이 나타나더라도 그걸 부드럽게 품은 채 계속해서 소중한 일들을 해나갈 수 있나요? 마음은 아니라고 할지 몰라도, 당신은 그렇게 할 수 있습니다!

- 연습을 마치기에 앞서 잠시 멈춰서 방금 스스로에 대하여 무엇을 새로 배웠는지 생각해보세요. 지금 당신은 감정적인 몸으로 살아가는 새로운 방법을 배우는 중입니다.

이번 연습은 꽤나 어려울 수 있지만, 연습을 거듭할수록 점점 쉬워질 겁니다. 이를 명심하면서 시간을 들여, 한 가지 육체적 감각에 대하여 이 연습을 여러 차례 반복해보세요. 저항감이나 괴로움 없이도 그 감각을 받아들일 만한 공간이 진정으로 느껴지기 시작할 때까지 연습을 반복해봅니다. 그렇게 된다면 이제 탐구해보고 싶은 또 다른 감각에 대하여 연습을 계속해보세요. 자신의 감정적인 몸과 새로운 관계를 맺어 나가고 있다는 점을 명심하세요. 싸우기를 그만둔 당신은 이제 일상 속에서 그 감각과 함께 움직이면서 정말 소중한 일들을 해나갈 수 있습니다. 이제 당신이 주도권을 쥐는 겁니다!

50

고난 속 성장

불안이나 감정적 고통, 상처 따위는 적이 아니라 스승입니다. 이 점을 곰곰이 생각해보세요. 우리는 실망을 경험하지 않고서는 미래에 대한 기대치를 조정하는 법도 배울 수 없습니다. 상처와 좌절을 겪지 않고서는 친절과 연민과 인내를 배울 수 없습니다. 새로운 정보에 노출되지 않고서는 새로운 무언가를 배울 수 없습니다. 두려움이 없다면 용기도 배울 수 없습니다. 이따금씩 심하게 앓는 일조차 자기 건강에 감사할 수 있게 만들어주고 면역력을 키워준다는 이점이 있습니다.

힘겹고 아픈 순간들은 당신에게 성장하고 변화할 기회를 주고, 중요한 기술들을 가르쳐줍니다. 인생에 대한 새로운 시각을 선사하기도 하죠. 스스로의 한계를 넘어서까지 자라날 수 있는 좋은 기회도 제공합니다. 당신에게는 그 순간들이 필요합니다.

곤경과 마주칠 때에는 자신의 필요를 충족시키기 위해, 또 나아가고 싶은 방향으로 계속해서 나아가기 위해 스스로 무엇을 통제할 수 있는지를 생각해보세요. 고통스러운 경험이 닥쳤을 때에는 연민 어린 관찰자 기술을 사용해보세요. 마음을 열고 곤경을 받아들인 뒤 당신에게 정말로 소중한 일들에 집중하는 편을 택해보세요. 당신도 충분히 할 수 있는 일입니다.

그러나 역경이 눈앞에 닥쳤을 때에도 계속해서 앞으로 나아갈 수 있으려면 구체적인 계획을 세워두어야 합니다. 내면에서 진정한 행복을 키울 환경을 만들려면 무엇보다도 예전의 쓸모없는 계획들을 골라낼 수 있어야 합니다. 다음의 연습이 그 길 위에서 당신을 도와줄 겁니다.

직진 혹은 후진

장애물과 마주쳤을 때, 당신이 하려고 하는 행동이 자신에게 도움이 될지 확신이 서지 않는다면 다음의 간단한 질문을 스스로에게 물어보세요. "이 사건이나 생각, 감정, 걱정, 혹은 육체적 감각에 대하여 내가 선택한 대응법은 내 삶의 목적지로부터 멀어지는 일인가, 혹은 가까워지는 일인가?" 다음의 질문들을 통해 이를 생각해봅시다.

- 만일 그 생각이나 감정, 몸 상태, 기억 등이 조언을 할 수 있다면, 그 조언은 나를 앞으로 나아가게 만드는가 아니면 오히려 나의 발목을 잡는가?

- 나의 가치 ___________(당신이 가장 소중하게 여기는 가치를 여기 넣어보세요)는 지금 나에게 어떤 조언을 하는가?

- 만약 나의 소중한 아이들이나 지인들이 이 상황에 처해 있다면, 나는 뭐라고 조언하겠는가?

- 만약 다른 사람들이 지금 내가 무엇을 하고 있는지 볼 수 있다면, 그 사람들은 내가 스스로 소중히 여기는 일을 하고 있다고 생각하겠는가?

- 만약 그 조언을 듣는다고 하면, 나의 발걸음은 어느 가치를 따라가겠는가?

- 나의 경험은 이 상황에 대하여 뭐라고 말하는가? 나는 나의 마음과 감정, 그리고 경험들 중 어느 쪽을 더 신뢰하는가?

역경과 의심이 들이닥칠 때에는 자신의 어리석고 불안한 마음이나 밀려드는 충동들이 하는 말을 듣는 대신 위와 같은 질문들을 자문해보는 것이 훨씬 더 도움이 됩니다. 이 질문들에 대한 답은 당신이 과거에 시도했던 해결책들이 성공을 거두지 못했음을 상기시켜줄 겁니다. 이제 무언가 새로운 시도를 하는 편을 선택해보세요.

51

한 번에 한 걸음씩

우리의 인생은 우리의 발걸음, 즉 우리가 하는 일들로 이루어집니다. 한 걸음씩 내딛을 때마다, 우리는 스스로 소중하게 여기는 일과 가까워지거나 멀어집니다. 그 모든 발걸음들은 우리의 인생을 이루는 한편 진정한 행복을 위한 환경을 만들 수도 있으므로, 현명한 발걸음을 내딛는 것이 무엇보다도 중요합니다.

현명한 발걸음이란 우리의 가치들, 즉 앞서 이야기했던 자신의 북극성을 따라 걷는 발걸음을 말합니다. 이미 당신도 배웠듯, 가치는 등대와 같아서 당신이 스스로에게 중요한 것을 향하여 나아갈 수 있도록 길을 안내해줍니다. 특히 걱정과 불안, 공황, 불행과 우울의 바다와 사투를 벌이고 있을 때라면 그 등대는 무엇보다도 결정적인 역할을 하죠.

가치들과 관련하여 멋진 점을 하나 말하자면, 그 가치들은 우리의 인생에 아주 사적인 의미를 부여해줄 수 있습니다. 다시 말하지만, 스스로의 가치를 살아낸다는 건 아주 작은 한 걸음부터 시작하여 차근차근 해나간다는 것과 같습니다. 풍요로운 삶을 산다는 건 스스로의 목표를 이루고 가치를 살아내기 위하여 작은 보폭이든 큰 보폭이든 매일같이 꾸준히 걸어 나간다는 것을 의미합니다.

우리는 그 발걸음을 딛는 일에 몰두해야 합니다. 여기에는 SMART 목표를 설정하고 그에 따라 행동으로 실천하는 일이 도움이 될 겁니다.

SMART 목표는 어떤 것인지 하나씩 알아봅시다.

- Specific 구체적인 목표. 스스로 어디로 향할 것인지, 그 목표를 구체적으로 설정하세요.

- Meaningful 의미 있는 목표. 당신에게 중요한 목표, 당신의 가치를 반영하는 목표를 설정하세요.

- Active 적극적인 목표. 스스로 성취하는 게 가능하면서 어떤 식으로든 인생의 만족도를 높여줄 목표를 설정하세요.

- Realistic 현실적인 목표. 자신의 생활환경에 따라 실천 가능한 목표를 설정하세요.

- Time-framed 시간상 가능한 목표. 실천하고자 계획한 날, 계획한 시간, 계획한 환경에서 실제로 실천할 수 있는 목표를 설정하세요. (이 모든 단계를 마친 뒤에는 스스로 잘했다고 머리를 쓰다듬어주는 것도 잊지 마세요!)

SMART 목표는 스스로의 가치를 살아내려 걷는 여행길에서 들릴 중간 목적지들입니다. 말하자면 우리의 소중한 길 위에 놓인 디딤돌 같은 존재죠. 이제 당신의 차례입니다.

다음의 연습은 스스로의 가치를 구현하는 목표, 당신이 정말 중요하다고 여기는 방향으로 나아갈 수 있게 만들어줄 SMART 목표를 설정하는 법을 가르쳐줄 겁니다.

SMART 목표 설정하기

삶에서 보다 완전하게, 진심을 다하여 구현하고 싶은 가치 한 가지를 골라보세요. 그 가치를 한두 단어로 적어본 뒤, 마음속에 잘 새기고 이번 연습을 해봅시다. 바로 그 가치를 실현하기 위한 SMART 목표를 설정해보는 겁니다.

그 가치가 무엇인지를 마음속으로 명확하게 밝혔다면, 이제 눈을 감고 스스로에게 물어보세요. "이 가치를 외적으로 표현한다면, 나는 어떤 일을 하는 모습을 다른 사람들에게 보여주게 될까?" 사소한 일이든 중대한 일이든 상관없습니다. 단, 구체적으로 생각하세요. 당신이 무언가 하고 있는 모습을 명확하게 마음속에 그려보세요. 원한다면 종이에 적어도 좋습니다. 이제 당신은 구체적인 목표를 얻었습니다.

다음으로, 당신이 정말로 소중하게 여기는 건 무엇인지, 또 당신이 정말 관련되고 싶은 일은 무엇인지를 가슴에게 물어보세요.
"이 일은 정말 나에게 중요한 일인가?"
"이 행동이 정말 내 가슴이 원하는 행동인가?"
만일 네, 라고 대답할 수 있다면, 이제 당신은 스스로에게 의미 있는 목표를 얻었습니다.

당신의 구체적인 목표를 다시 한번 들여다보세요. 그 목표가 당신이 통제할 수 있는 무언가에 관한 목표인지, 또 스스로의 입과 손과 발로 행할 수 있는 목표인지 확인해보세요. 그리고 그 목표를 좇는 게 때로는 힘들지라도 결국에는 만족감과 활력을 얻을 수 있는 목표인지를 확인해보세요. 적극적인 목표란 당신의 입과 손과 발을 통해 이룰 수 있고, 그 목표를 향해갈 때 자기 자신과 스스로의 인생에게 무언가 좋은 일을 하고 있다는 느낌이 들 수 있는 목표를 말합니다. 만약 당신이 선택한 행동이 바로 그러한 행동이라면, 이제 당신은 적극적 목표를 얻었습니다.

당신의 목표는 현실적인가요? 또, 시간상 가능한 목표인가요? 이 부분에서는 스스로의 삶과 상황을 정직하게 들여다보는 것이 중요합니다. 다른 사람들도 고려하여 계획을 재조정해야 하는 건 아닌지 스스로에게 물어보세요. 멋져 보이거나 사실상 불가능한 목표를 선택하지는 마세요. 건강과 관련된 가치에 있어 자연과 가까운 삶이라는 가치를 예로 들자면, 하루에 20분씩 매주 세 번 정도 산책을 나가는 일은 현실적인 목표이지만, 내일 갑자기 마라톤에 출전한다는 건 비현실적인 목표입니다.

가장 중요한 마지막 조각은 당신이 살아가면서 하는 행동과 관련이 있습니다. SMART 목표를 설정한 뒤에는, 당신이 어려워했던 바로 그 상황들 속에서 자신의 가치를 살아내기 위해 한 걸음씩 나아가야 합니다. 자기 자신과 약속하고 그 약속을 지켜나가세요. 이 책에 담긴 모든 방법을 동원하여 불안한 마음, 불안한 몸과 함께 움직여보세요. 그다음에는 잠시 멈춰서 지금 무엇을 배웠는지, 그리고 자기 자신과 스스로의 인생에게 무언가 좋은 일을 해준다는 건 어떤 느낌인지 돌아보는 시간을 가져보세요.

때때로 제대로 발걸음을 내딛지 못한다고 해도 너무 침울해하지 마세요. 그런 일이 생길 때면 당신이 중요하다 여기는 일들에 다시 집중하고, SMART 목표를 다시 한번 살피고 (필요하다면 목표를 재조정하며), 이 책에 담긴 방법들을 써보고, 다시 한번 또 다른 발걸음을 내딛는 데 집중해보세요. 서투른 걸음마도 결국에는 드높은 산꼭대기로 당신을 데려다줄 겁니다.

52

앞으로의 여정

인생은 목적지가 아니라 여정이라는 말을 들어본 적 있을 겁니다. 진부하게 들릴지는 몰라도, 이 말 속에는 위대한 진리가 담겨 있습니다. 어떻게 생각하든 결국 당신은 어느 날 지금까지의 여정, 즉 당신이 지금까지 하거나 하지 않는 데 시간을 들였던 모든 것들을 돌아보며 그걸 당신의 삶이라 부르게 될 겁니다.

당신은 진정 행복해질 권리가 있습니다. 그리고 당신의 여정은 아직 끝나지 않았습니다. 앞으로도 길을 걷다 보면 새로운 장애물, 새로운 의구심, 그리고 새로운 차질에 부딪히게 될 겁니다. 옛날과 똑같은 불안 장벽들도 이따금씩 튀어나올 겁니다. 때로는 스스로의 다짐을 행동에 옮기지 못할 때도 있을 겁니다. 예전의 불안 습관들도 이따금씩 되살아날 겁니다. 가끔 가다 한 번씩은 목적지에 다다르는 데 생각했던 것보다 훨씬 오래 걸릴 수도 있습니다. 이 모든 일들이 일어난대도, 그리고 이보다 더한 일이 일어난대도 다 괜찮습니다. 우리는 모두 저마다의 속도로 나아가니까요.

활기찬 삶으로 나아가는 길목에서 무언가 당신을 힘들게 한다면, 그때마다 이 책에서 배웠던 전략과 방법들을 써보세요. 이것이 바로 계속해서 앞으로 나아가며 LIVE 하는 길입니다.

매일매일 하루치 용기를 내서 살아보세요. 불안이나 의구심, 두려움에 마음 쓰지 않고 그저 그 감정들 곁에 가만히 앉아 있는 게 아마 가장 어려운 과제일 겁니다. LIVE 방법의 1단계, 즉 내면의 말소리와 괴로움을 보내주는 일도 마찬가지로 어려울 겁니다. 자신의 실수와 한계, 그리고 인간으로서 당연히 가지는 결함들을 다정하게 맞이하는 연습을 계속하기만 한다면, 시간이 지날수록 마음 다루기도 점점 더 능숙해질 겁니다.

매일 아침 스스로와 약속하는 것으로 하루를 시작해보세요. 예를 들면, '오늘은 최선을 다해서 친절을 베풀고 용기를 내보자'라고 다짐하는 겁니다. 그러고는 오늘 하루를 가치 있는 하루로 만들어보겠다고 다짐합니다. 밤이 되면 자애심을 가지고 오늘 하루를 되돌아보세요. 설령 옛날과 조금도 달라지지 못한 행동들만 잔뜩 한 채 하루가 끝나버렸다고 해도 스스로를 탓하지 마세요. 그날 자신이 무언가 새롭고 중요한 일을 했는지 살펴보세요.

연민, 관대함, 융통성, 그리고 용기는 괴로움을 물리쳐줄 강력한 방법이자 해독제입니다. 당신 또한 그저 인간일 뿐이라 실수도 할 거고 여러 함정에도 걸리리라는 점을 알아주세요. 물론 언제나 용기 있게 군다거나 그 모든 것들을 받아들인다는 건 불가능합니다. 그럼에도 당신은 하루에 한 발자국씩, 당신이 소중하게 여기는 그 방향을 향해 계속해서 나아갈 수 있습니다.

중요한 것은 당신 자신에 대하여, 그리고 당신의 걱정과 불안과 두려움에 대하여 수용과 연민을 행하고자 한 발자국씩 나아가는 일입니다. 작은 발걸음들도 결국에는 거대한 여정을 이룹니다. 친절과 인내는 오래지 않아 당신의 인생 속 습관으로 자리 잡을 겁니다. 스스로에게 시간을 주세요. 몇 주 동안 이 책을 따라 연습해왔다면 지금 당신은 무언가를 마무리한 것이 아니라, 인생의 새로운 장을 막 시작한 겁니다. 그리고 이 책과의 연습도 아직 끝나지 않았습니다. 당신의 인생이라는 여정은 평생에 걸쳐 계속될 테니까요.

이 책에서 배운 방법들을 계속해서 연습하세요. 함정에서 벗어나 앞으로 나아가는 데 특히 도움이 되었던 연습과 이야기들에 집중하고, 이따금씩 그 장으로 돌아가 다시 연습을 해보세요.

마지막으로, 이 책에 실린 연습들 다수에 명상법이 포함되어 있는 데에는 그럴 만한 이유가 있습니다. 우리의 경험과 수없이 많은 연구 결과에 따르자면, 명상은 더 큰 행복을 찾고 인생에 대한 성취를 높이는 가장 강력한 방법들 중 하나입니다. 달라이 라마는 만약 오늘날 학교에 다니는 모든 어린아이들이 명상을 배우고 실천한다면, 20년 뒤에는 세계평화가 찾아올 거라고 말했습니다. 아마 당신은 초등학생들보다는 훨씬 나이가 많겠지만, 적어도 스스로의 인생에 관해서라면 변화를 일으키고 평화를 이루는 데에 너무 늦은 때는 없습니다. 그러므로 스스로에게 가장 효과가 좋은 명상법을 찾아서 계속 실천해보세요. 후회하지 않을 겁니다.

변화에는 위험이 따릅니다. 때로는 일이 틀어지거나 원하는 대로 되지 않을 때도 있습니다. 그러나 인생에서 가장 큰 위험은 아무런 위험도 지지 않는 일입니다. 인생에서 확실한 건 별로 없습니다. 미래는 문자 그대로 알 수 없습니다. 대부분의 선택에는 그 나름의 위험이 따릅니다. 가장 안전한 길을 택한다면 십중팔구 아무것도 변하지 않을 겁니다. 그리고 아무것도 변하지 않는다면, 당신은 결국 예전에 늘 향하던 곳으로 다시 가서 발목 잡히고, 괴로워하고, 무언가 새로운 일이 일어나기만을 기다리게 될 겁니다. 과감히 나의 인생을 살아본다는 건 꽤 위험한 일일 수도 있지만, 그 열매는 아주 달콤할 겁니다. 당신이 원하던 것들을 더 얻을 수 있게 될 테니까요. 과감하게 꿈을 좇기 시작한다면, 그 꿈은 현실이 될 수도 있습니다.

책을 마무리하기에 앞서, 잠시 시간을 들여 당신이 평생에 걸쳐 몇 번이고 곱씹을 만한 질문 한 가지에 관하여 생각해봅시다. 이번 연습은 몇 번 해본 뒤 다음으로 넘어가도 되는 연습이 아닙니다. 오히려 아주 실용적이고 핵심적인 방법으로, 앞으로 살아가면서 평생 동안 계속해서 실천해보길 바랍니다. 여기 당신의 인생을 사는 LIVE 방법을 소개합니다.

인생 질문

지금 말하는 '인생 질문'은 장애물과 문제들, 그리고 고통과 마주했을 때 삶이 당신에게 던지는 질문들 중 단연 가장 중요한 한 가지입니다.

앞길이 가로막힌 듯할 때마다 잠시 멈추고 심호흡한 뒤 다음의 간단한 인생 질문을 스스로에게 물어보세요.

"삶이 나에게 들이미는 모든 것을 받아들이면서도 나 스스로에게 중요한 일을 기꺼이 할 것인가?"

살아있는 한 우리 모두는 이따금씩 이 질문과 정면으로 마주하고 기꺼이 대답해야 합니다.

사실 '네'라는 대답만이 스스로의 가치와 결을 나란히 하는 인생을 만들어나가는 데 도움이 됩니다. '아니오'라는 대답은 그저 스스로 원하는 삶을 살지 않기를 택한다는 의미밖에 되지 않습니다. 지금 당장은 당신이 원하는 삶에 대하여 '아니오'라는 대답이 튀어나올 수도 있지만, 그래도 명심하세요. 당신은 언제나 스스로의 대답을 바꿀 수 있고, 새로운 길을 대담하게 내딛을 수 있고, 위험을 감수하고 새로운 일을 시도하여 당신의 삶 속에서 이전과 다른 결과를 만들어낼 수 있습니다.

스스로에게 중요한 인생을 만들어나가기 위해 할 수 있는 일들 중 가장 보람 있는 행동은 모든 날 모든 순간을 잘 사용하는 일입니다. 지금 이 순간부터 소중한 시간과 에너지를 어떻게 쓸 것인지는 모두 당신에게 달려 있습니다. 불안은 누구에게나 찾아옵니다. 그러나 불안이 당신의 삶을 지배하고 조종하도록 내버려둘 필요는 없습니다. 당신의 삶이 펼쳐지도록 만드는 데 집중해보세요. 이 책을 통해 지금까지 배운 방법들은 불안이 있든 없든 당신이 계속해서 길을 걸어 나갈 수 있게 도와주는 친구가 되어줄 겁니다.

시간을 현명하게 쓰세요. 잃어버린 오늘의 순간은 돌이킬 수도 없고, 내일 다시 살 수도 없습니다. 지금 이 순간을 최대한 활용하세요. 당신의 불안보다 더 큰 무언가를 위해 사용하세요. 당신이 할 수 있다는 건 우리가 보증합니다. 당신은 그 방법을 알고 있습니다. 계속해서 당신의 기술들을 연마하고 성장시켜보세요. 당신의 가치를 현실로 만들어보세요. 그것이 바로 당신에게 중요한 일이고, 결국 먼 훗날 "잘 살았다"라고 말할 수 있게 만들어주는 일입니다.

감사의 말

우리는 불안으로 괴로워하는 수많은 사람들을 크게 도와줄 일반적인 지혜와 가르침, 그리고 연습 방법들을 오랫동안 연구해왔습니다. 수년 전, 뉴하빙거 출판사의 부발행인이자 우리의 오랜 친구인 캐서린 마이어스가 우리 연구의 산물을 사람들과 나누어보는 게 어떻겠냐고 독려해주었을 때 이 책의 씨앗이 처음 생겨났습니다. 캐서린은 십 년도 넘는 세월 동안 지치지도 않고 우리의 글쓰기 프로젝트를 지원해주었으며 이 책 또한 그 산물 중 하나입니다. 그녀가 보내준 우정과 현명한 조언들, 그리고 그녀의 창의적인 정신과 편집기술에 깊은 감사를 보냅니다.

훌륭한 솜씨로 우리의 글을 다듬어준 교열 담당자 크리스티 하인에게도 고맙습니다. 지금 여러분의 손에 들린 이 책은 크리스티가 편집 과정에서 보여준 섬세한 손길과 빈틈없는 제안들로 처음보다 훨씬 더 나은 책이 될 수 있었습니다.

마지막으로 우리를 믿고 이 책을 택해서 어떤 이야기가 담겨 있는지를 살펴보려고 하는 모든 독자 여러분에게 고맙습니다. 당신은 결코 혼자가 아니라는 점을 알아두세요. 불안이 찾아와도 잘 살 수 있는 모든 준비물들을 당신은 이미 가지고 있습니다. 당신의 앞길에 편안하고 즐거운 일이 가득하기를 기원합니다!

불안해서 밤을 잊은 그대에게

1판 1쇄 찍음 2018년 12월 12일
1판 1쇄 펴냄 2018년 12월 19일

지은이 존 P. 포사이스 / 게오르크 H. 에이퍼트
옮긴이 서종민
펴낸이 조윤규
편집 민기범
디자인 홍민지

펴낸곳 생각의서재
등록 2017년 1월 6일 제2017-000050
주소 (07788) 서울특별시 강서구 마곡중앙로 161-17 보타닉파크타워1 612호
전화 영업부 02-3661-7283 / 기획편집부 02-3661-7284 | 팩시밀리 02-3661-7285
이메일 houseofthinking@naver.com

ISBN 979-11-89649-01-2 03190

이 도서의 국립중앙도서관 출판예정도서목록(CIP)은 서지정보유통지원시스템 홈페이지(http://seoji.nl.go.kr)와 국가자료공동목록시스템(http://www.nl.go.kr/kolisnet)에서 이용하실 수 있습니다. (CIP제어번호 : CIP2018038734)